中国创造书系
走近崛起的中国新生代企业家

哲商思维

一位知识型企业家的**商道、人道、学道**

谢宏·著

北京大学出版社
PEKING UNIVERSITY PRESS

图书在版编目（CIP）数据

哲商思维：一位知识型企业家的商道、人道、学道/谢宏著．—北京：北京大学出版社，2010．2

ISBN 978-7-301-16882-0

Ⅰ．哲…　Ⅱ．谢…　Ⅲ．随笔—作品集—中国—当代　Ⅳ．I267

中国版本图书馆 CIP 数据核字（2010）第 013330 号

书　　名：哲商思维：一位知识型企业家的商道、人道、学道

著作责任者：谢宏　著

责 任 编 辑：于海岩

标 准 书 号：ISBN 978-7-301-16882-0/F·2418

出 版 发 行：北京大学出版社

地　　址：北京市海淀区中关村成府路 205 号　100871

网　　址：http：//www.pup.cn

电　　话：邮购部 62752015　　发行部 62750672

编辑部 82893506　　出版部 62754962

电 子 邮 箱：tbcbooks@vip.163.com

印　刷　者：北京楠萍印刷有限公司

经　销　者：新华书店

787 毫米×1092 毫米　16 开本　15 印张　208 千字

2010 年 2 月第 1 版第 1 次印刷

定　　价：39.00 元

谨以此书献给我的父亲和母亲。

下海创业18年有余了，近几年才能够偶尔得空将自己的一些经营心得以及其他感悟写成比较正式的文字。现在终于又有机会将这些文字变成这样一本书了。

许多人的恩德成就了我44年的人生，这是我要一辈子去感激的。但这本书是我的第一部主要关于创业和经营的书，我想首先应该献给我的父亲和母亲。

多抽空对自己的经营体验和人生感悟做一些整理，多写下些能够让别人从中受益的文字，我是很乐意的。我想只要一切正常地继续下去，我还有在书上表达感谢的机会。

谢　宏

目 录

第二篇 说人道

第三篇 说学道

第四篇 杂论

附录

序：知行合一，越走越远

很乐意在谢宏的这本《哲商思维》里写几句话。

谢宏离开母校，下海创办贝因美后，我对他和贝因美一直非常关注。尽管对他的创业构想、创业准备有所了解，相信他能够逐渐把事业做起来，但在他创业的初期，我还是有些为他担心的。因为他创业起点不高，而竞争对手却很强大。后来，谢宏果然不负众望，贝因美的事业一直稳步发展，从前几年开始走上快车道。现在，他成为母校浙江工商大学最杰出的校友之一，他开辟的婴童事业，创建的贝因美品牌，也成为母校的荣耀。因为曾经是他的同事，所以他的成功，也是最让我高兴的一件事情。他想将博客里的一些经营心得集结成《哲商思维》面世，这是又让我感到高兴的一件好事。

研究和讲授“东方管理学”是我这些年来所做的重要工作之一。中国先哲们的智慧中，有很多瑰宝我们可以引以为经营管理的圭臬。“本立而道生”，“道生万物”，“世必有非常之人，然后有非常之事；有非常之事，然后有非常之功”，“君子爱财，取之有道”，“智者先胜而后求战，暗者先战而后求胜”，“贤主劳于求贤，而逸于治事”……这些智慧都告诉我们，经营的根本在于经营之道，得道多助，失道寡助，得道才能成功。那些经营大师们的成功案例是对于这些智慧的验证。“哲商”及“哲商思维”，清楚地指出了企业经营者、管理者如何追求最高境界，从而获得成功，应该是很有启发意义的。

不是每一株树苗都能长成参天大树，没有人能够随随便便成功。一株小树苗能否长成参天大树，要看它是不是大树之苗。一个企业经营者想要成功，首先要具备成功的基因——经营之道。目前的成功浙商群体中，包括两类企业家：一类出身于“草根”，在残酷的生存之战与市场的洗礼中存活下来，一步步成长、壮大、成熟起来。这一类属于大多数派。另一类出身于学府，在受过良好的教育熏陶之后，怀抱事业理想投身商海，运用自己的商业智慧，按照当初的事业构想，逐步建立起了自己的商业王国。这一类属于极少数派。谢宏就属于后一类，而且独具特色：他一开始就走的是一条品牌及事业定位很高的本土国际化路线。但不管属于哪一类，他们能够进入到成功者的行列，都是因为他们拥有了成功的基因。只不过获得成功基因的阶段不同，所付出的学费也不同而已。

谢宏在校工作时，就给人以勤于学习、思考，敢于行动的印象，创立贝因美后，他学以致用，怀道经营，在“老板”这个平台上继续修炼。现在他又将修炼所得写了出来，自定义为“哲商思维”，与外界交流分享。我很赞赏他依然保留着大学教师的风格，也赞赏他所表现出的社会精英意识以及公民情怀。

从一个管理学研究者的角度来看谢宏所写的经营心得，我觉得他是有些“另类”的。正是经营企业所磨砺出的务实作风，以及经营企业的亲身实践，使得他对经营管理的认识有许多独到之处，同时也使得他的表达与学院派的风格如此不同。我认为这对于管理学研究者以及正在路上的经营管理者们都是很有裨益的。

谢宏一直以前瞻的眼光、宽阔的视野、系统的洞察在把握经营环境的变化趋势，在经营着事业，经营着未来，我祝愿他能够一直站在行业的巅峰之上，永远保持知行合一，祝愿他越走越远。

浙江省社会科学界联合会主席

浙商研究会会长

胡祖光

2009年12月30日

自序：我思故我在

三年前，我接受建议，在新浪和搜狐开了博客，也算成了网民。三年来，忙里偷闲，见缝插针，时断时续地写下了一些文字，发在自己的博客里。半年前，开始有朋友建议，让我将博文做些整理、补充，最后成书，以奉献给更多的朋友，我的生意伙伴、朋友易德炜先生甚至为我想好了书名——《哲商思维》。考虑之后，我也觉得这是很值得去做的一件事情。最近几个月，我也有意识地朝这个方向努力，尽量挤时间丰富自己的博客。

打个不太恰当的比喻：企业（特别是做消费品的）做到一定程度，有了一定知名度，你（企业领导者）想要做得更好，不管你喜欢不喜欢当明星，你必须当一个受人欢迎的明星（当一个受欢迎的公众人物），你要做得更好，就意味着你必须成为"一线明星"、"当红明星"，必须成为"大腕"。

其实社会大众对于"大腕级的企业"的要求，比对大腕级明星的要求要高得多：既能为消费者提供好的产品、好的服务，又能为社会承担更多的责任，还能担当起意见领袖的角色，向社会贡献更多精神价值，才算得上是大腕级企业。

所以，开博、出书、演讲这些事情，自然成了一个企业领导者必须做好的事情。你要尽可能地去满足社会大众的期望，以期让自己的品牌成为并且永久成为既有高知名度又有高美誉度、高忠诚度的品牌。

经过一段时间的努力，觉得博客里可以给人们带来一些益处、符合"哲商思维"的内容多了起来，基本上可以集结成一本书了，那么，就先出一本《哲商思维》吧，否则，就有可能又让别人抢先了。

“哲商”概念的正式提出，见于新加坡纸业大王黄福华先生所著的《哲商》一书。我非常赞同黄福华先生的观点：完全凭勇气和胆识行事的商人，是草商；学养高的知识分子型商人，是儒商；有大智慧、有思辨力的商人，是哲商。哲商把哲学智慧运用到商业中，是哲人与商人的完美结合，是商人中的最高境界。

《哲商》这本书刚上市时，我在候机厅里发现了这本书，买来一读，即引起强烈共鸣，对黄福华先生的敬佩油然而生。黄福华先生所总结的经营智慧与生命智慧非常之好，以“商界无冕教授”赞誉他，他当之无愧。但老实说，当时我心里还有一种很强的“失落感”。因为，黄福华先生的“哲商”理念正是自己已经付诸实践并且很想写出来奉献给大家的东西。遗憾的是，让黄福华先生先我一步，抢在了前头。

我当初在做下海决定之时，还有一个决心：既然选择了办企业、做商人，就一定要做好，所谓得道成功，德行天下。

毋庸置疑，松下幸之助、土光敏夫、稻盛和夫、比尔·盖茨、李嘉诚等名扬全球的商业巨子，之所以能够取得极高的经营成就，根本上是因为他们有自己的价值观与方法论体系，也就是一个好的“哲商思维”体系。

悟透生命的价值、生活的意义，用哲学的智慧建立起自己的经营哲学、经营战略、经营策略，有清醒的角色认知、正确的价值取向、坚定的人格精神，应是“哲商思维”这个概念所要涉及的主要内容。要进入“哲商”境界，要做成功的经营管理者，首先要具备“哲商思维”，“成功的生意人，一定是懂得生命价值和生活意义的人”，“领悟生命，是一个起点”……因为角色需要，多年来，我一直利用各种机会，从鼓吹这些基本观点开始，向我的各类听众传播我的理念和想法。

关于我的经营理念、战略、策略，罗建幸、邵清风、林元三位研究观察家在其所著的《贝因美密码》里已经做了比较详尽的介绍，丰收企业管理顾问公司吴忧博士的《贝因美是谁》、《中国经营报》

等媒体所发的一些关于贝因美的专题采访文章中也都有涉及。但在这本《哲商思维》里，读者朋友们将要看到的，是我用自己最喜欢的表达风格，用一种非学术化的语言，意识流式地记录下的我的“心经”、“心得”、“感悟”，当然也是一个企业经营者对自己生活与心灵的自我表白。我觉得，坦白、直接、平实的交流方式，是最好的交流方式，用这种方式才能与更多的朋友做更好的交流、分享。

其实我骨子里是一个“性情中人”，喜欢读书思考，喜欢旅行考察，喜欢良师益友，不喜欢多说话，要说就说真话，但也可以做到该认真时很认真，该放下时即刻放下，该遗忘的即时遗忘。同时，我也是一个很新奇的人，有了新奇的想法，我就会赶紧努力地创造条件、寻找机会，去尝试，去实施，也就是知了就要行，强烈追求知行合一。按照我已故人文导师刘锡光先生的理论，人是一种主体性存在，是具有对象化功能的高级动物。经营就是进行对象化的价值活动，即价值化劳动。我这个人的性格特质其实更适合于去做科学技术研究。这样说太哲学、太学术，就不往下说。我也清楚，我的这些性格特质，往往有时候就成了我的缺点，不了解我的人，往往不太接受我。但江山易改，禀性难移，还得加强修炼。

生命有限，思想无限，自我实现，自我完善，追求永恒，是主体生命的本能。我写这些，也是希望立此存照，也算是另类地自我实现一把，希望朋友们多捧场！

是为自序。

谢 宏

2010 年元月 5 日

前言：守望2010

2010到了，我们兴奋，我们不安……

为什么?！似乎有些说不清，道不明。

但如下事实无可回避：

50后六十啦，

60后五十啦，

70后四十啦，

80后奔三啦，

90后也正登上历史舞台！

2000后冠军宝贝们也正快速成长……

历史的脚步就这样不可阻挡地阔步向我们走来。

守望2010，地球人期待共赢，却又忐忑不安，不知道为什么，也不知道该怎么办……

或许是历史的吊诡？

或者是现实的处境？

抑或是前途的不确定？

一切有待验证！

正所谓：人人有机会，个个没把握！

但我们不用悲观，尽管气候大会没能达成有约束力的协议，气象预报却总是越来越远，历史的脚步已然向前……

因为，只要我们预见到了，就还有时间准备，更有可能行动应对！怕的是我们集体无意识！！

人生苦短，生命有限，好在我们还能思维，人间还有真善美爱！

守望2010，我们都应该欣慰！因为地球还在正常运转！世博会还要在上海召开！南非还有世界杯！我们还能看，还能互相理解！

展望2010，我们努力共赢！虽然信心百倍，但也没有掉以轻心，盲目乐观！

地球人，朋友们！

让我们一起守望2010，坚信等待的一定会来！

2010年元旦于杭州北高峰灵顺寺

第一篇 说商道

1 谢宏说法

又好久没“博”了，没想到在这样的背景下博新！

痛心……尽管贝因美旗下三家公司均不在三聚氰胺污染奶粉事件黑名单之列。

这是一起典型的食品安全事故，况且是婴幼儿食品。举国震惊，国际哗然，实属应有反应，说明社会良心健在，媒体功能良好！

作为算是资深的专业人士，我不得不站出来说一说。

尽管这是不该发生的事故，但事故就是事故，业内人士都应该深刻反思，不要为自己辩解，更不要找托词，错的承认错误，承担责任，没事的也不要幸灾乐祸。所谓“有则改之，无则加勉”，应该是最恰当的态度。

许多领导、亲朋好友以及贝因美员工、股东、合作伙伴为贝因美庆幸，打电话给我，为我叫好，我只是庆幸自己没有给母校丢脸，没有让中国自己培养的最早一拨食品安全专业同仁失望。假如贝因美这次进了黑名单，我将如何面对？不堪设想！

也有不少人提出，贝因美这次很庆幸，但是否是侥幸？对此，我要说我们当然为自己庆幸，但绝非侥幸！作为中国最早一拨食品卫生（现在是食品安全）本科毕业生中的一员，我深知食品安全兹事体大，水有多深，故一直诚惶诚恐、如履薄冰地做，不能做就不做。一开始就给自己确立个原则：绝不能让商业利益伤害到专业，但专业也要体现商业价值。说白了，做这一行绝不能唯利是图，急功近利！

在巴黎举行的世界乳清大会上做演讲

反思这次事件，我想可以把我去年在安达举办的中国乳业发展高峰论坛上的观点在此重复并修正一下：

这次事件的发生，我认为归根结底仍然是违背客观规律，以火箭速度搞大跃进——超常规发展乳品行业——的恶果！违反规律，自然要遭惩罚。

具体而言，其一，违反自然规律。国际上奶牛繁殖主要有四大品系，比如中国主流奶牛种群——荷斯坦牛（即黑白花奶牛），主要适宜在北纬45°以上养牛带养殖，而我们却处处点火，村村冒烟，全国开花，几成国际笑话。另外，南方应该适宜养殖水奶牛（印度就是以水奶牛为主种群），高原地区则适宜发展牦奶牛。而地域适应性较好的娟姗牛，据我所知，中国差不多没有引进发展。

其二，违反价值规律。营养学知识告诉我们，奶和蛋是两大营养价值最好的天然食物，我们的产量并不高，但我们的奶价卖得比矿泉水、甚至比纯净水还便宜，这就严重违背价值规律。由此导致价值链扭曲，逼得某些环节弄虚作假！

其三，就是违反产业发展规律，流行大跃进式的发展、掠夺式经营。代表人物被视为英雄。由于行业恶性竞争，不正当竞争不绝，使全行业经营成本奇高，导致当下中国的配方奶粉价格竟然接近甚至高于国际发达国家市场价格，据说还有500～1000元/公斤左右的非特殊配方奶粉，实在离谱！

至于在国际上不可思议的“禁鲜令”，已经取消了，就不说它了！

强烈希望，此次事件，能坏事变好事，从此能让中国乳品行业走上更健康的发展道路，回归基本，按客观规律发展！同时非常支持国务院的决议，希望中国乳业尽快恢复信誉，国人从此能喝上放心奶！

2008 年 9 月 18 日

2 我发誓：一定让中国宝宝喝上国际品质的放心奶

真的很难受……

昨天我的博文就乳品行业发展所谈的个人观点，得到身边很多朋友和网友的支持，也有很多很刺耳的声音。感慨良多，让我再次深入思考：良心产业为何会有如此的教训？

说实话，良心产业不是投机者的乐园。

就是在国际上，这个行业也是个高危的行业，入局者必须要有充分的心理准备和良心底线——没有这个底线、没有这个准备，谈何入局？谈何担当？

很多网友和贝因美消费者问贝因美奶粉包装上都有“国际品质、中国配方”字样，这是什么意思？答案很简单，贝因美就是要让中国宝宝喝上国际品质的放心奶！这不是梦，更不是作秀，而是我想做的本分。

贝因美奶源基地：北纬45°以上“中国奶牛之乡”安达

再做两点声明：

第一，在行业特殊时期，贝因美系列奶粉绝不涨价！

第二，用我的人格保证：带领贝因美全体员工持续努力，全心全意为中国宝宝服务，走本土国际化路线，尽最大努力让中国宝宝喝上国际品质的放心奶。

2008 年 9 月 20 日

3 正告某些网友和亲爱的竞争对手

感谢网友的关注支持，感谢业界许多同仁的理解支持！这阵子真的是忙上加忙——里里外外，上上下下，方方面面！尽管如此，我还是抽空看了下大部分跟帖——但感觉不是很好！不得不写此文，再表明下态度。

首先我想说的是当年我之所以下海，其中有自己的性格因素：往往真话不能说，假话不愿说，不说有时候又很难受！所以下海，相对比较自在一点。不想做英雄，只想做好本分，做一个真我！

很早有前辈高人就告诫过我：在中国有两件事最难做，一是做好事，往往被别人怀疑你的动机，好心常常没好报！二是传播真理和讲真话，往往吃力不讨好，甚至触霉头，一不小心得罪人。这两件事不要轻易去碰。但我受性格决定，偏偏无法改变，有时忍一下，有时忍无可忍，还是忍不住要说，体会了“江山易改，禀性难移”的真谛！

到现在为止，还没有人说我谢宏做人虚伪不厚道的，这次竟有素昧平生的人出来批我了！好在我的神经还算坚强！还有那些听上去很好、看上去很美、似乎很真实、实际上不知道怎么回事的林林总总，让我深切感受到贝因美的成功生养教没推广好！

正告亲爱的竞争对手，谢宏一向倡导竞合发展，不要因为这次贝因美没出事就这样使招，我们都是人，都会犯错，说不定下次就轮到贝因美，我绝对很清醒！顺便提醒一下：谢宏15岁上大学，情商比较低，但智商还是可以的！写手是什么背景动机还是看得出的。贝因美真有什么问题，一定会负责到底！我把话说绝点：真有种的就站出来，拿证据过来，我们法庭上见或媒体上见或当面PK！别在网上、市场上乱泼脏水，小心报应！

真金不怕火炼，真理越辩越明！相信网友的眼睛是雪亮的！不会因人废言！

我的人生信条：得道成功，德行天下，无怨无悔，问心无愧！在此，再次郑重向贝因美的忠实支持者承诺，贝因美好不好，你们最知道，假如贝因美有问题，我们一定负责到底，接受最严厉的惩罚！

特别说明：

◇ 我指的奶价是鲜奶收购价，奶农是鲜奶价值的第一创造者，应充分尊重！

◇ 国际上不少国家有营养保障法律，奶制品被列为基础营养食品，政府有补贴政策，故我们看到国际市场上的乳制品并不贵，甚至比中国的便宜。

2008年9月26日

附：

2007年东西方食品业高层论坛上的发言

感谢主办方提供机会让我发表个人见解！

一、关于中国食品安全的过去、现状和趋势

一直很努力，不断在进步！

但问题一直未得到根本解决，须全面反思检讨症结所在，对症下药，才可能根本解决！

二、中国食品安全问题症结在哪里

1. 各方面对食品安全的认知欠缺，包括生产者、消费者、政府、专家学者、媒体舆论

国以民为本

民以食为天

食以安为先

2. 制度缺陷：未建立一个高效负责任的严密体系

A. 体制上多头管理，而且接口不严密。比如农产品生产销售与食品加工管理部门，怎么来配合监管，不是很清晰。

B. 安全标准不统一，甚至有缺陷。比如对某一种有害物质的检测方法不一样，对有害物含量容许标准有争议。还有一些有害有毒物质未被列入标准，比如婴儿配方奶粉的抗生素、激素残留。

C. 责任追究不力。无论对生产经营者还是监管者本身，造成屡错屡犯、“死不悔改”。

D. 责任担当不足。这一点是最要命的！试想，如果做错事做坏事，受到的惩罚和付出的代价不大，且风险很小，而收益可能很大，那么谁会认真对待，必然投机盛行，屡教不改！当然要区分做错事和故意干坏事的情况，后者应严厉打击，直至其倾家荡产，禁止再入行。

3. 食品安全相关者的意识和行为不到位

A. 生产经营者——企业：欠缺良好的经营动机和理念，甚至缺乏道德底线。导致不正当竞争盛行，缺乏行业自律，根源在拜金主义。结果，往往表现为老实人吃亏，李逵打不过李鬼！这就可能导致劣币驱逐良币现象。谁还会认真负责任地去对待食品安全？

B. 消费者：也存在严重的安全意识和自我保护能力的欠缺情况，这使得不好的食品能够有市场。中国消费者应该多学习营养卫生安全知识。另外，消费者也有不适当维权现象，甚至滥权情况，这往往会把事情推向反面，也应该关注。

C. 政府方面：执法还不够严格公正。有标准制定立法滞后的问题。

D. 专家学者层面：介入食品安全问题不够充分，未发挥充分的影响力和良心作用，特别在指导消费、普及食品安全知识方面还大有可为，也需更严谨负责。

E. 媒体舆论：导向上有偏差，引导消费上做得不够，也有监督偏差现象。

三、作为负责任的中国食品企业应有的表现

1. 食品企业的属性和存在价值

国以民为本

民以食为天

食以安为先

充分体现了食品企业的属性和存在价值。

2. 食品企业的角色定位和职责使命

首先要有充分的道德自觉性和责任使命感。树立永续经营的指导思想。不能抱投机心理和侥幸心态，否则，不要进来做食品行业。成功因素很多，但最关键的是要建立科学高效的内部制度，找到够专业化且有事业心的人才！

3. “安全为先，科学为本，利润为果”

总之，绝不能唯利是图！要信念驱动：相信真理的力量，相信正义的力量，相信法治的力量，相信道德的力量！

相信中国食品安全在各方面的努力下，问题会不断暴露，总体会越来越好！

谢　宏

2007 年 11 月 11 日

4 食品安全搞好了，中国就真的强大啦！

刚从上海参加第十四届世界食品科技大会回来。这是全球食品界的奥林匹克。（中国食品总产值占 GDP 总量 10% 以上，是国民经济第一大门类，体现了民以食为天，全国共有食品企业近 50 万家）中国第一次举办这个会，是世界对中国食品取得成就的肯定。但因为刚发生的三聚氰胺事件，中国乳业大地震，给大会蒙上一层阴影，感觉怪怪的，只是大家心照不宣。

我发了言，题为：中国食品安全问题深度分析。现将核心观点提炼如下，与广大网友分享探讨。

一、中国食品安全问题的独特性

A. 多是人为事件。从苏丹红、孔雀绿到各种假酒，再到各种添加剂滥用直到最近的三聚氰胺事件，都是人为事件。国际上食品安全事件也很多，可以说食品安全是个全球性问题，但国际上的事件大多是环境污染及食物链污染所致，多是非人为故意事件。两者性质完全不同，这是我们必须认真思考的。

B. 频发多发。在我的记忆中，几乎每年都要发生大的食品安全事件，至于我了解的小范围的事件，更是平常。在这个行业干久了，大家都会养成一个习惯，会特别关注每年的 3 · 15，说不定哪个企业哪个领域说出事就出事。当然，这与中国总体食品行业庞大，又以中小企业为主体有关。正应了一句话：林子大了，什么鸟都有。鸟多了，鸟事自然就多。

C. 事件重复发生多。事件此起彼伏，但很多发生的事件，表面看不一样，仔细分析，其实质是一样的。比如奶粉行业，2004 年的阜阳大头娃娃事件，主角是假奶粉，没有营养，这次发生的三聚氰胺事件，变本加厉，变有毒了，本质还是使假，用假蛋白充当优质蛋白。只是不同的导演和演员，上演的是相同的剧本。往往某个东西被发现，不加了，过一段时间，换成别的东西，还是加。

很多朋友问，为什么会这样？这就有必要深入分析一下中国食品安全问题的复杂性。正是由于这个复杂性，如果问题解决好了，那么中国真的就变得真正强大了！

二、中国食品安全问题的复杂性

其实中国食品安全问题的独特性背后就是其复杂性。从专业的角度，客观上讲，食品安全首先要提升到从食物链安全来看问题上。什么是食物链？就是从田间到餐桌或从饲养（饲料）到入口，即从源头起点（农、林、牧、渔、养殖）到入肚为安，全过程都要安全。然而，食品种类繁多，过程复杂，实难控制。从食品加工的角度，加工过程实现标准化管理相对容易，最大的挑战是，食品的原料是农产品，而中国的国情相当于8亿农民在分头提供原料。如果不从原料开始进行标准化管理，要确保食品安全几乎是十分困难的，而要实现8亿农民农产品生产标准化，其挑战可想而知。

除此以外，中国的食品安全显然不仅仅是个技术问题，也不是简单的企业管理问题，更涉及道德问题，也是一个十分复杂的社会问题。经济的背后是文化，文化的背后是道德，道德的背后是信仰，信仰的背后是教育。必须全面系统地去解决，才能根治。

所以说，中国食品安全问题相当复杂，绝不是头痛医头、脚痛医脚那样可以轻易根治的。

如果中国的食品安全问题解决好了，那么就意味着：

——中国的农业和农民问题解决了！

——中国最大的难题——人口与资源矛盾解决好了！

——中国现代化最大障碍——国民素养提高了！

——中国的人口包袱成功转化为人力资源优势了！

那就代表中国真正强大啦！

2008年10月22日

5 应将《食品安全法》扩展为《食品安全与营养保障法》

近日又闻鸡蛋中查出了三聚氰胺，我丝毫不感到意外！这肯定是鸡饲料中添加了三聚氰胺（现在我怀疑几乎所有以蛋白质为营养指标的食品及饲料都有添加），应该是典型的食物链污染案例。真切希望《食品安全法》尽快出台！

但我个人的观点是，食品真正的作用是为人们提供营养，从而保障国民健康。安全是最基本的要求，不是最本质的要求。而且，安全本身就包含卫生安全和营养安全两个层面。听闻此次结石筛查中，就查出许多不是三聚氰胺结石而是钙结石。也就是说，不是没有三聚氰胺就一切 OK 了！以我的专业知识分析，钙结石应该属于营养安全问题，可能性最大的是某些奶粉配方中钙含量过高，甚至钙磷不平衡，或者不适当补钙所致。临床上钙结石比三聚氰胺结石更麻烦！

国际上营养立法的代表国家是日本和英国，尤其是日本，二战前日本国民平均身高及寿命均与国际水平偏差很大，当时被国人称为“小日本”，但现在其平均身高超过中国，平均寿命更是全球第一。我认为其《营养午餐法》及《营养改善法》功不可没。中国应该借鉴但不一定要单独立法。把《食品安全法》扩展为《食品安全与营养保障法》比较可取。

如果实施《食品安全与营养保障法》，就可以把营养卫生知识普及，甚至把贫困人口的基本营养补给都包涵进去（国际上通行做法是政府采购，直接发放给贫困人口，保证最低营养需求）。相关营养卫生知识普及甚至可以规定在小学就开始，当做必修课（类似我

在加强儿童食品安全保障体系建设研讨会上发表讲话

国台湾的生活课）。

如此，中国食品安全将根植于良好的国民基础和法律保证中，国民健康将大大提升，医疗费也可大大节省，因为现代病有很多是吃出来的！

另外，仍有很多网友问贝因美未检出三聚氰胺是运气还是必然，特此链接《消费指南》的文章《贝因美的安全手册》，与网友分享！

贝因美的“安全手册”

9月16日，国家质检总局发布了紧急在全国开展的婴幼儿配方奶粉三聚氰胺专项检查首批检查结果。贝因美旗下三家公司：浙江贝因美科工贸股份有限公司、黑龙江贝因美乳业有限公司、杭州贝因美豆逗儿童营养食品有限公司的产品，均未检出三聚氰胺。2004年阜阳大头娃娃事件中，贝因美也是国家有关部门发布的30家合格婴幼儿乳粉生产企业的一员。值得庆幸但绝不是侥幸的是，在更早些时候发生的奶业大危机——二噁英事件中，贝因美也都经受住了严峻的考验。

在历次重大行业危机中，贝因美能够独善其身、安然无恙的秘诀是什么呢？记者日前采访了正在北京参加“加强儿童食品安全保障体系建设研讨会”的贝因美董事局主席谢宏，获悉了——

安全守则一：尊重客观规律；

安全守则二：抓住4个环节；

安全守则三：把专业化进行到底；

安全守则四：经营动机和理念。

……

2008年10月31日

6 现代儒商的价值体现

——我的探索

我自认为是个儒商。我对儒商的定义就是有道德和良知的商人，很简单！做儒商最重要的是不能见利忘义，也不能“舍利取义”，而是一定要想方设法做到义利统一！我了解中国历史上成功的儒商就是这么做的，比如胡雪岩。

我认为现代企业家首先应该是一个合格的商人，在道德层面，就应该是儒商。企业家的本分就是怎么把企业做好，这就是价值体现。现在市场经济条件下，企业也好，商人也好，都是价值创造的主体。首先应该遵循价值规律，所有经济学规律中，价值规律也是最核心的规律。此次由美国次贷危机引发的金融危机，我个人认为是那些金融衍生品以及规模庞大的虚拟经济严重扭曲了价值规律，扭曲过度要回归，就爆发危机。实体经济也是一样，中国乳品行业此次三聚氰胺事件就是一个鲜活的案例。

有必要解析一下现代儒商的价值并用一个饼图描述如下：

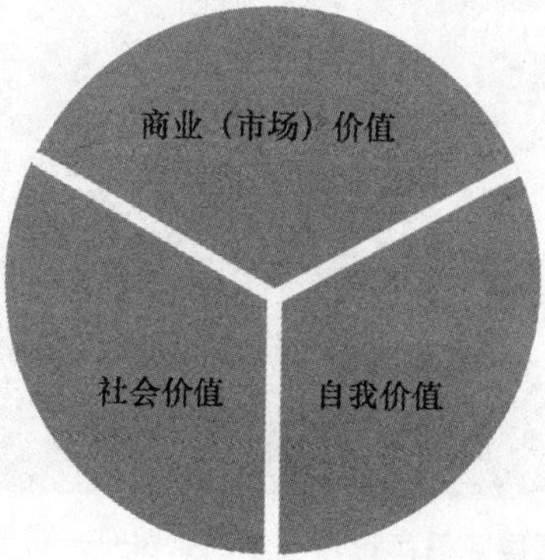

就商业价值而言，我以为现代儒商应该把对商业价值的追求上升为价值链经营的层面，统筹兼顾客户价值、员工价值、合作伙伴价值（含上下游）和股东价值即利润。

如果说商业价值是儒商的基本价值体现，那么儒商更重要的价值应该体现在社会价值层面。我认为，最基本的社会价值体现应该是纳税，纳税多少最直接体现企业或商人的社会贡献大小。可惜，我们现在好像还没有完全建立这样的观念和体系。政府对企业的很多优惠政策应该重点考虑企业纳税的多少。或者说政府和社会对商人或企业的评价体系要建立起来，最基本的就是看纳税，而不是其他什么似是而非的指标。说实在的，我觉得现在的税收很不合理，增值税、所得税都太高，消费税太低，结构不合理，税率不合理。对食品企业尤其不合理，食品企业的原料是农产品，增值税抵扣率是13%，而销项税率是17%，而食品一经生产出来，就开始贬值(因为食品有规定保质期)，销售风险很大，又是国计民生产品。总之，按现行政策，食品企业风险大，税负重，责权利严重不对应，我以为这是中国食品安全问题久治不好的深层次原因。儒商社会价值另外方面体现在解决就业以及对社会进步、创新的贡献上，因时间关系不展开叙述。

第三届国际儒商论坛（中国杭州——西子湖畔）

现代儒商当然应该有自我价值追求。简而言之，要身体健康、事业有成、生活幸福。身体健康不用说。事业有成，我理解就是名利双收。另外，不要太卖命了，儒商要活出精彩、活出价值，也要活得长。因为，真正的儒商应该是当今中国社会宝贵的“财富”！

最后，我认为把所有的东西归结起来，儒商要有一个经营人生的概念，要懂得价值平衡和价值取舍。在操作层面，要首先解决经营动机问题，要从简单的利益驱动上升为价值驱动，进而上升到信念和信仰驱动，否则一定是走不远的！

很高兴和各位专家分享我对儒商的思考和探索，更期待大家的帮助，以更好地应对未来的挑战！本人会继续以贝因美为平台，努力践行儒商的价值！

总而言之，儒商应该奉行“君子爱财，取之有道”的行为准则。

2008 年 12 月 8 日

7 冬天里行业领袖的担当

考虑再三还是接受朋友杨晖的建议，把我在“中国行业领袖论坛”上的演讲提要在博客上发一下，与朋友们分享。

危难之际方显英雄本色

——行业领袖的担当

一、行业领袖的角色认定与使命担当

1. 行业领袖应该是公认的行业典范，无论其经营规模及效益、企业文化或其他经营表现都堪称行业楷模

行业第一≠行业领袖

2. 行业领袖应该对行业规则抑或潜规则有决定性影响

3. 行业领袖应该是行业发展的风向标，其对行业规律及发展趋势有着最深刻的理解和把握，能发挥导向作用

4. 在以上基础上实现韧性成长/逆势成长，永续经营，引领行业持续健康发展

二、行业领袖的经营之道与道德担当

1. 行业领袖的经营之道

自觉遵守价值规律——最核心商道，通过四大运作，追求五大价值统一。达成最优化价值实现，创造最大化价值及社会财富，成为行业道德典范。

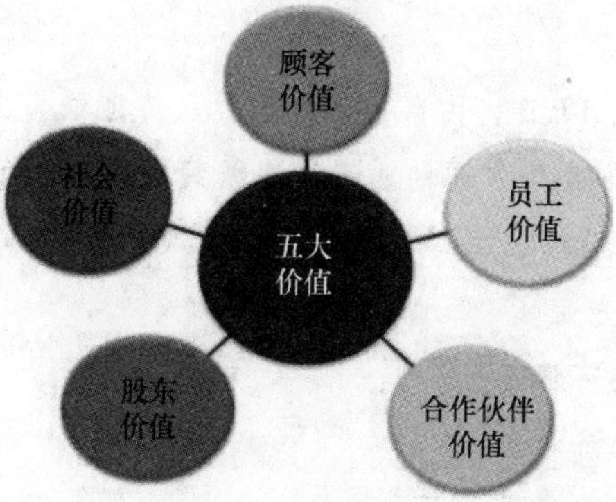

2. 行业领袖应该身体力行倡导行业自律，促进行业规范，维护行业整体信誉，提高行业总体声望

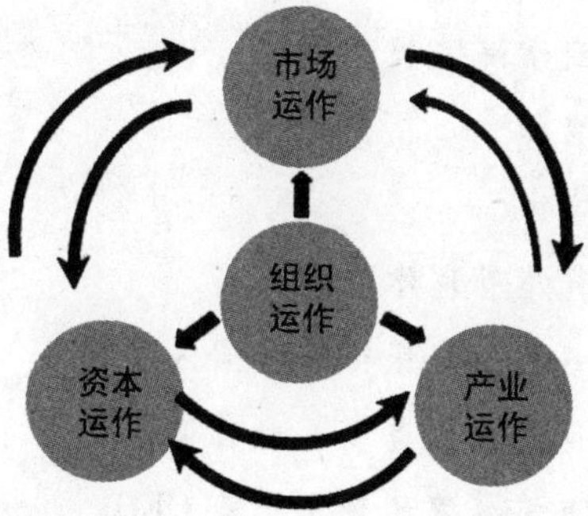

3. 行业领袖应该引领行业良性竞争，竞合发展，领导行业可持续发展

行业领袖 = 从善如流 + 得道成功 + 德行天下

三、案例及思考

1. 从三聚氰胺事件看乳品行业领袖的错失

2. 中国的婴童经济与贝因美的所作所为

3. “中国制造”何去何从

4. 中国行业经济发展的领袖之道

谢 宏

2009 年 1 月 17 日于上海

背景介绍

2009年1月17日，由第一财经和唯众传播联合主办的“中国行业领袖论坛暨2008年中国创业新锐榜颁奖盛典”在上海举行，本人作为婴童行业的代表出席了活动。参加此次论坛的嘉宾有：

（排名不分先后）

樊　纲　经济学家

金岩石　经济学家

刘　吉　中欧商学院名誉院长

吴敬琏　著名经济学家

吴晓波　著名财经作家

项　兵　长江商学院院长

于　丹　国学名师

周其仁　经济学家

张维迎　北大光华管理学院院长

蔡洪平　瑞士银行投资银行部中国区主席

陈　宏　汉能投资集团董事长兼首席执行官

车建新　红星美凯龙集团董事长兼CEO

陈永正　NBA中国首席执行官

陈志列　研祥集团董事长、研祥集团董事局主席

邓　锋　北极光创投创始合伙人

董明珠　格力电器股份有限公司总裁

戴　毅　环球凯悦集团中国区副总裁

戴志康　上海证大集团董事长

冯　军　北京华旗数码科技有限公司总裁

冯　仑　北京万通地产股份有限公司董事长

范　敏　携程网CEO

郭广昌　上海复星高科技（集团）有限公司董事长

何庆源　诺基亚中国投资有限公司总裁

季　琦　汉庭酒店连锁CEO

蒋锡培　江苏远东集团董事长
靳羽西　羽西品牌化妆品创始人/羽西之家董事长
金志国　青岛啤酒股份有限公司总裁
柳传志　联想集团公司董事局主席
刘积仁　东软集团董事长兼总裁
李倩玲　群邑集团中国区 CEO
刘　一　新疆中基实业股份有限公司董事长
林正刚　思科中国总裁
兰珍珍　欧莱雅（中国）有限公司副总裁
李亦非　高雷全球资产管理公司中国区董事总经理
马蔚华　招商银行行长
沈南鹏　红杉中国基金创始及执行合伙人
史晓燕　北京伊力诺依投资有限公司董事长
施永青　香港中原地产创始人之一/中原集团主席
施正荣　无锡尚德太阳能电力有限公司总经理
唐　骏　新都集团总裁兼 CEO

8 企业家只要做一件事！

——浙商转型的另类思考

今天浙江知识经济俱乐部到贝因美良渚工厂参观，我和朋友们做了简短的互动讨论。有朋友问，贝因美何以逆势成长，这让我想起企业和企业家的生存之道、核心价值和使命，并和大家分享了我的理解。

我一直认为，企业是价值创造的主体，企业家就是企业运作（经营）的专家，把企业经营好是本分，是天职，而且应该本能地追求永续经营。为此，我以为作为一个真正的企业家，只要做一件事——持续努力打造企业的竞争力即可。其他与此无关的事，都可以说是不务正业。

蓝海战略听起来很好，看上去很美，但我认为是乌托邦的东西，有也只是短暂的一个阶段。

我以为，企业家最重要的工作就是审时度势，研究透所从事产业发展规律和行业发展趋势，制定战略，建构出竞争力模型，并把功夫练到位，展现出来。

对于竞争性行业及消费品企业，品牌和渠道应是核心竞争力。

人才是第一竞争力。

企业文化是根本竞争力……

还有系统运营效率、决策机制、风险控制能力，合起来可以叫综合竞争力。然后还有研发能力、创新能力，这可以定义为可持续竞争力。

另外，我认为，在核心竞争力没打造好之前去 IPO 上市是很不明智的，某种意义上是去找死！这也可以说是贝因美股份公司设立十年多了，耐住寂寞没去上市的重要原因之一。因为一上市，你在明处，对手在暗处，处境就很危险……

此篇也算是和许多转型中的浙商朋友分享的另类思考。

2009 年 3 月 7 日

9 中小企业之困

昨天婴童行业协会召开理事会，大家谈到婴童企业大多是中小企业，相比其他行业虽然形势不错，但也普遍面临资金紧张、融资难的问题。

但我个人认为，中小企业资金紧张、融资难是必然的，只是表象。深层次原因是缺乏核心竞争力或者说核心专长。与其说中小企业缺钱，还不如说是缺少订单。

我的体会，对于创业期的中小企业来说，切忌目标远大，“英雄”气短！怎样找到赢利模式，拿到订单，实现盈亏平衡才是最要紧的！

本文也与许多准备创业的朋友分享！

2009 年 6 月 27 日

10 洋奶粉和部分本土品牌为什么要涨价？

上周以来，市场纷传奶粉要全行业涨价，引起很多当妈妈的朋友和经销商朋友的关切，针对部分外资已提价的情况，特别关心贝因美会否跟风涨价？质问奶粉市场的话语权到底在谁手里？为什么洋奶粉等说提价就提价？尤其在当下CPI总趋势下降，国际金融危机尚未见底，需求不足，原辅材料应该不会涨价的大背景下，洋奶粉和部分本土品牌为什么要涨价呢？想不通……就来问我，我已不厌其烦做了解释，并让贝因美官网发了不涨价声明。但还是有许多朋友好奇，故写此篇博客，以此方式与更多朋友分享我的看法。

在卖场与工作人员和顾客交流

其实，作为业内人士，目前奶粉行业在我看来几乎是透明的。平心而论，中国市场目前配方奶粉价格已经完全跟国际接轨，甚至高于国际市场，因此，总体而言，再涨价是没有道理的。尤其今年由于受国际金融危机影响，配方奶粉主要国际原辅料乳清粉（蛋白）、乳糖等基本上维持在历史低价位水平，更没有原料成本推动涨价的理由。所以，站在行业的角度，非原料成本涨价原因，就是市场营销费用高和追求高业绩回报。说得白一点，比如某外资品牌，很可能国际某一块市场需求萎缩，但董事会有总利润业绩目标要求，中国市场还不错，奶粉需求又比较刚性，提价了也不怕你不喝，就用中国市场提价弥补国际市场业绩流失。

另一种更主要的深层次原因是，全行业由于受三聚氰胺事件影响，实质上导致一个行业洗牌——竞争白热化，引发市场营销费用、广告费用、渠道费用、产品推广费用等投入大大增加，而奶粉需求相对是刚性固定的，这么多费用一下子没法消化，只有涨价。作为妈妈们可直接感受到的就是进入卖场，奶粉柜面的各厂家导购比顾客还多，相互攻击拉客，以及各种买赠活动力度一家比一家大。

本质意义上奶粉行业已陷入恶性竞争，外资品牌也已经加入，不正当竞争大行其道，终端卖场攻击只是小儿科，更多的是网络攻击、渠道攻击甚至医务攻击，然后相互报复，让不正常经营费用居高不下，CEO 和老板们，在生存压力下，只好“集体”提价，因为恶性竞争在继续，仗还得打下去，企业还得经营下去……不到黄河心怎能死?!

卖场的工作人员向顾客介绍产品

由此感叹，不正当竞争何时休？我想贝因美一定不能去做这种“损人不利己”，把一锅粥全搅得不能吃的损害行业信誉的事。也借机劝业内有识之士，一定要吸取保健品行业全行业萎缩的惨痛教训！不要再搞行业恶性竞争啦！长此下去，必然损害整个行业的健康发展，最后受损的必定是自己！因为大家都不是傻瓜，消费者更不是你的案头猪，任意可宰割的。阜阳大头娃娃以及去年的三聚氰胺教训还不深刻吗？

但愿更多中国妈妈擦亮眼睛，选择货真价实的奶粉品牌！切勿盲目追求促销品，过于注重促销力度大小，羊毛出在羊身上，没有免费的午餐，最终价值规律起作用，都是要妈妈们掏腰包的！

最后以本人人格保证，贝因美各品类奶粉坚决不涨价！

2009 年 7 月 20 日

11 BOSS不是人做的

——波士堂3周年庆典有感

昨天，台风“莫拉克”没能挡住BOSS们的脚步，上海星河湾，BOSS大聚会，波士堂举行3周年节目播出庆典，倾城之夜，感动……

感谢第一财经和唯众传播，尤其要感谢杨晖发现了我们，还让我们走红地毯，为中国的波士（BOSS）们倾心打造了这个展示老板们真性情的节目。这可能也是当下中国唯一一个深度挖掘传播老板性情和真实思想的大众传媒，这是件大好事。因为，老板们作为当下中国的特殊群体，虽然可能人多向往之，但我以为全社会对老板们其实严重欠缺应有的认知、理解和尊重。今天我想借题发挥，谈谈感受。

有很多朋友问过我，这么多年下来，对做老板有什么感受，我的回答就是“老板不是人做的，尤其在中国”。更有了解我18年创业历程的亲朋好友私下说：“这个老板，送给我也不要做！”近几年浙商当中还有调侃的说法：“老板是给打工者打工的！”杭州人更有“老板，扳牢”之说，意思是一旦做了老板，就动弹不得，像坐牢一样。尽管杭州的创业氛围还很浓，政府大力倡导大家创业做老板，但还是有许多人害怕做老板。

当然做不做老板首先是个人的人生选择问题。但为什么那么多人想做老板，又有那么多人怕做老板？我想前者更多看到老板风光成功的一面，后者更多看到做老板痛苦、风险、责任的一面。不曾想，做老板也是个围城！

老板的确不是常人做的。如果失败，倾家荡产，身败名裂，后果不堪，所以，首先要有接受失败的承受力。这种承受力，哪怕心理层面的就够呛，特别是像我这样书生下海的，首先就得克服失败的恐惧！否则，赶紧上岸，搞不好就是“战斗未捷身先死”，做不得的。

成功的老板，看上去自然风光！但我敢说，每个老板一定都有自己不堪的故事。如果你发达了，首先被拷问、质疑的就是你的钱是否干净，然后各种责任、利害关系，稍有不慎就可能麻烦大啦！其次，可能又有人会想这家伙是否“为富不仁”。像我这等“中国最具书生意气的 BOSS”特别受不了这个。所以，做老板，即使成功了，还要定力好，神经坚强才能做！

还有很多成功老板，开始时只想发家致富，改善生活。成功后有钱了，如果得不到理解、尊重，很可能就不做了，因为做得越大责任越大，风险越大，越难受！如果没有相当的境界、更高层面的目标追求，一定不想做。

我常说，老板是顾客/股东/员工/合作伙伴/政府社会的五夹板，每一层夹得都不好受，如果摆不平，就死定！所以，做老板，摆平就是水平。

但当下中国，还不富强（即使富强了还要可持续发展），实在太需要企业家精神，需要老板们继续为打工者打工，继续创富，需要更多人加入成功老板行列。因此，需要国人对老板们更多地理解、尊重（老板们当然也要自重），让老板们有动力做下去，创造更多就业和社会财富。况且，中国要强大，如果没有企业的强大，没有一批重量级的老板，是不可思议的。为此还是需要更多的人去做好老板，不管初衷如何！

再次感谢杨晖，波士堂，为中国老板及其代表的商业文明传播张目！

2009 年 8 月 10 日

12 不正当竞争怎么得了

——《反不正当竞争法》颁布实施16年有感

BOSS不是人做的……引起很多老板朋友的共鸣，确实，这是我创业18年来最痛彻的感受！还有就是碰到的大大小小的老板，几乎没有一个不叫累的。可能人前表现神采飞扬，但在人后没有一个不叫苦叫累的（如果你真是他/她的知心朋友）。而最累最怕最无奈的就是出现市场失控——行业恶性竞争的状况。曾经和不同行业的企业界朋友以及经济专家交流过，印象中几乎没有一个行业不曾经历过所谓“行业洗牌”，实则就是恶性竞争，实质是严重不正当竞争状况！今天恰好是《中华人民共和国反不正当竞争法》颁布实施16周年，有感而发，也算是和朋友们倒倒苦水，如果能引起一些有识之士的共鸣，那就更好！

首先，我要说《反不正当竞争法》的立法原意是非常好的，立法的时机也是很及时甚至可以说是相当超前的。因为众所周知，1993年正是中国确立走市场经济道路不久，经济体制也刚刚开始从计划体制向市场体制转变。立法者就能制订出台此法实属英明超前，且立法原意非常明确，就是为了维护社会经济秩序，规范行业竞争行为，坚守商业道德，促进市场经济有序健康发展。特别是把不正当竞争提高到可能破坏社会秩序和道德底线的高度，应该说是非常深刻和有远见的。

但令人遗憾而不得不说的是，相比于另外两个非常重要的经济法（《经济合同法》和《消费者权益保护法》，西方并称为三大商法），《反不正当竞争法》从司法角度，是贯彻执行得最差的。从司法实践上讲，甚至可以说迄今都未能建立明确的司法体系，此法也从某种意义上形同虚设！窃以为，正是《反不正当竞争法》司法的欠缺，甚至可以说已经成为中国社会经济可持续健康发展的大毒瘤！而且正在转向恶性肿瘤——癌变！因此呼吁企业界朋友以及法律界、政府相关部门高度重视《反不正当竞争法》司法体系的完善及其贯彻实施，否则，中国经济转型，可持续健康发展等都有可能落空，中国社会经济甚至道德、政治都将付出巨大代价。

终端卖场常常是消费品恶性竞争的前沿阵地，众多的促销员常常相互诋毁发生冲突，甚至大打出手。

因为，中国要强大，首先经济要强大！而经济的后面是文化，文化的后面是道德，道德的后面是信仰！不正当竞争大行其道，破坏的绝不仅仅是经济……或许有朋友会说，没有此法，现状可能会更糟，这我承认！但今天我们站在共和国60岁，要靠市场经济更好地实现中华复兴，中国经济要实现从世界工厂向世界市场转变的历史性门槛上，如果没有良好健康的市场竞争规则和秩序，实在不可思议。

个人以为，《经济合同法》是基于诚实信用原则，相对贯彻得最好的，因为诚信已成为全社会的共识，得到了重视，相信会越来越好。《消费者权益保护法》也贯彻得不错，因为消费者主权意识高涨，且人多势众，大家都要讨好！而作为规范行业行为的《反不正当竞争法》，通常大家以为那是圈内的事，与我何干，多一事不如少一事。即使打得你死我活，最多想到老板不好做，或者认为“胜者为王，败者为寇”而已。殊不知，所有行业的恶性竞争都会加大生产经营成本，作为经营者势必要转嫁给消费者（买方）。从长远看，如果好的经营者被消灭，也就是经济学家所言劣币驱逐良币现象，李逵打不过李鬼，不断上演乱拳打死老师傅的剧目，对社会道德文化心理的冲击会有多大！不堪设想，一个恶者当道的经济社会会怎样?!

曾和外商交流讨论过国外的情况，不正当竞争在不同时期不同国家都发生存在，有的还很严重。但可以说没有像中国如此恶性和惨烈的（具体限于篇幅不描述了）。原因何在？可能是我们穷怕了，穷得太久了，一有机会就“穷凶极恶”，早把“君子爱财，取之有道”的千年古训忘掉了。另外，中国改革开放是从阶级斗争中转出来的，是不是“你死我活”的阶级斗争思维惯性的作用呢？

外资奶粉品牌抢占到中国高端奶粉市场90%以上的市场份额，其主要营销手段就是通过医生推荐所谓医务推广路线推广婴儿奶粉，不仅违反WHO《代乳品销售守则》，更是不正当竞争行为！而迄今未有管控，令人费解。

痛定思痛！本人强烈建议有识之士、有道之人首先共同努力推进《反不正当竞争法》的司法改善。应该明确工商管理部门为唯一的执法主体，不要多头管理。商务部应该主要负责制定行业行规、法律细则，完善立法。行业协会也应该进一步立法明确要发挥行业自律作用，并将反不正当竞争作为行业管理的核心职能来抓。总之，要更重视《反不正当竞争法》的司法。而业界朋友则不要沉迷于丛林法则，多一点竞合发展的理念和行为。君子爱财，取之有道！多行不义必自毙！

当然，有道的朋友们不能仅依赖道义的力量，更要拿出勇气、智慧、实力和李鬼斗法，因为市场不相信眼泪！市场无情！也正因为市场的无情，最终才能实现公平公正，或者这是市场的辩证法吧！

愿中国经济早日消除不正当竞争，越来越健康！

2009年9月2日

又及：可能有朋友会批评，谢宏你算什么东东？胡说八道！但我还想大声说，作为有良知的民族企业家，都应该站出来，坚决抵制不正当竞争行为！

13 不正当竞争何时休？

上周才刚写了“不正当竞争怎么得了”的博客，网上就沸沸扬扬闹腾起美国辉瑞公司不当营销（实质就是不正当竞争）被罚23亿美元的事。这的确是个让人惊叹的事。说明不正当竞争中外皆有，只是中国却没有辉瑞这样的案例。

我关注此案，还因为辉瑞公司刚刚以现金和股票收购了惠氏，交易总价约680亿美元，这是全美三年来的最大一笔收购。现在出了这档子事，不知该怎么说。

我以为，辉瑞公司的“遭遇”早有端倪。早在2008年的时候，辉瑞就以8.94亿美元了结了止痛药诉讼案。而后因为试药导致11名非洲儿童死亡，又付了一笔赔偿款。辉瑞公司以为钱能摆平一切，就继续采用不当营销手段。在过去的10年里，就曾违法营销过13种药品。自2002年以来，因非法营销也支付了不少罚款。这想起来就像：卑鄙是卑鄙者的通行证。

尽管美国本土的丑闻事件是否影响其在中国市场的形象及销售还不可知，不过这对国内的同行或许是“警示”。就像我以前博客中多次提到“君子爱财，取之有道”。出来混，迟早是要还的。国人更加应该引以为戒，千万不要迷信洋品牌，利诱之下照样会做出伤害消费者的事。

不正当竞争在中国何时休?! 哪一天中国没有了回扣，不靠商业贿赂做生意了，大家都赚的是干净钱就OK啦，那时中国社会也一定更健康和谐！或许中国的执法部门更要学习美国司法部门的精神。

真切期待不正当竞争早日休……

2009年9月7日

14 帅者师也，师者帅也

——第25个教师节的另类思考

今天是第25个教师节，忽然勾起我的一点困惑及另类思考。特写成博客，和朋友们分享。

设立教师节的本意，我想是尊师重教，应该是继承儒家思想和价值理念——天地君亲师是也。但为什么我们不以孔老夫子的生日为教师节呢？众所周知，孔老夫子是全世界第一位职业教师，且全球都认可，联合国教科文组织因此把孔老夫子生日——9月28日作为世界教师节。东南亚国家和中国台湾等都以此为教师节，我们为什么不与世界一致呢？迄今没想明白！

另类思考之一，父母是人生的第一任老师，教师节时是否也应该给自己的父母送上一束鲜花，或者在寒暑假推选个日子，或叫亲子节，倡导弘扬亲子文化，以更好享受亲子生活，感受天伦之乐！

另类思考之二，中国传统的师徒制，是很好的职业教育——职业化方式途径还是一对一个性化的教育模式，现在好像差不多废了，能否提倡恢复?!

另类思考三，应该将教育功能引入管理职能，提倡“帅者师也”。或许将大大提高管理效能。从管理角度，师生/师徒关系，当是最好的管理与被管理、领导与被领导关系。或许这是如何打造学习创新型组织的妙招，也是应对未来知识型社会的好招！

三人行必有我师，人人皆师，教学相长，时时有师，学无止境！师者也帅！如此中华必兴！中国必强！

愿教师节永远！天天都是教师节！

2009年9月10日

15 会否“三规”？

——合格管理者的衡量标准

一直以来有不少朋友和我讨论管理，贝因美商学院也向我约稿，希望我谈一下多年以来对管理的独到理解。今一并作回应，写成博客，和大家分享探讨。

“管理就是管事理人”，我比较赞成这一说法。我理解，管理从本质上讲应该以事为本，关键在于如何处理好“事与事”、“事与人”、“人与人”的关系。

作为管理者，在实际操作上，我以为就是怎样做“三规”——“规划”、“规则”、“规矩”的问题。也是一直以来我用来衡量管理者是否 OK——毕业出师的标准。

会做规划，就是怎样在事前系统决策，把管理目标、要素、职能进行清晰定义——概念化，然后逻辑化、系统化的工作。古人谓之谋定而后动。

其次要会定规则。某种意义上，管理都是游戏，既然参与游戏，就要有合适的游戏规则，否则一定会乱套。规则就是制度。包括流程都是规则。好的制度会让坏人不干坏事，坏的制度会逼良为娼，会让好人变坏。所以，好的管理者一定要高度重视制度建设！

有了可行的规划和合理的制度规则，还要有效贯彻执行，那就是做规矩。所谓没有规矩不成方圆。谁不按规则游戏，不按规划行动，就要及时“修理”和“修正”，或上发条，或念紧箍咒。管理者的最高境界就是在不失控的前提下，充分调动被管理者的积极性，所谓“三高”原则——高见、高效、高兴。做规矩实质上就是现场管理的功夫。

多年以来，我体会最容易犯的管理错误就是把复杂的事情简单化，学院派的管理者更容易掉进“把简单的事情复杂化”的陷阱！聪明的管理者既不会把复杂的事情简单化，更不会把简单的事情复杂化。所谓“复杂的事情，简单的处理”的说法，听上去很好，做起来可能上当。

为此，我还总结了五个“凡事”，作为行事准则，一并和大家分享：

凡事首先要判断利害关系（价值属性），

凡事一定要认真研究策划，

凡事一定要讲究效率效益，

凡事一定要即时反馈复命，

凡事一定要及时总结提高。

愿人人都成好管理者，也许不用管别人，但必须要管好自己！

2009年9月15日

16 优秀经营者的四大本能

——兼谈好的经营意识

上篇谈管理问题，引发很多创业朋友以及贝因美同仁进一步追问我对经营的理解和一些独特理念，为免遭质疑“保守”和“卖关子”，顺势再和大家分享下我的经营思维。有人说经营是世界上难度最大的艺术，更是科学。我赞成这一说法。凡被称为既是科学又是艺术的东西往往都是超难的东东。望大家见仁见智，各取所好吧！

台湾人有说，一百个娃只有一个生意仔！意思是一百个人中只有一个天生能做生意。熊彼特也说企业家特质很大程度上是一种神圣天赋，实际上都是说经营者的天赋很重要。以我多年的体会和观察，凡优秀的经营者必有四大本能反应，不经意中表现出来，着实厉害。

第一大本能反应，凡优秀经营者，必定永远第一关注商机。用学院派说法，是对机会价值的看重，当然第一！

第二大本能反应，就是学习研究。学习研究成功者为什么成功，失败者为什么失败。学习研究好的商业模式、经营理念等，不一而足。

第三大本能反应，通常都非常重视资源的获取和整合。因为资源的重要性和价值，因为由此可以带来的优势，我们会省力很多！

第四大本能反应，一定是喜欢交朋友！所谓先交朋友，再做生意。朋友乃是宝贵的社会关系资源，自然很重要。这一点，其实古今中外都一样。有人批评我难成朋友，实属大误解！不过，本人确是交友比较审慎，还有不敢交太多朋友，是怕忙不过来，怠慢了不好！（迄今我客户可以不见，朋友来访一般肯定会见的。如有疏忽怠慢之处，敬请朋友们谅解。）

如果说本能更多来自天赋，那么意识就不是了。意识支配行为，有好的经营意识非常重要。真正的经营大师应该首先是具备理性而良好的经营意识，而后才有非凡的经营行为表现的。有朋友问过我的经营思维。我的经营思维其实很简单，只有三句话：把握好机会，利用好资源，控制住风险。多年以来没有改变，几乎已成为本能反应！借机和大家分享！更希望贝因美的“总字头”们对号入座，认真体会下，或许对大家的经营业绩有些助益！此外，我认为经营者和管理者是有着本质区别的，前者通常更关注做对的事（有价值的事），后者更注重把事情做对！而现实中我们更需要“经营管理者”，也就是复合式人才，很难得。

2009年9月17日

17 管住真理

——管理的另类解读

上两篇关于经营管理话题的博客，一发不可“收拾”，引发很多朋友进一步的追问，现将长久以来的一些感悟进一步和大家分享探讨。

如果说经营者的关键是对核心价值的把握，那么管理者的关键应该是对事物本质——真理的把握。所以，我常对贝因美的管理层讲，作为管理者最重要的就是要管住真理，即把真理转化为管理原则，然后坚持原则。在做管理沟通时，首先要以理服人，再以情动人，以“利”诱人。好的管理者必然是三者并举，运用自如的。本人特别重视摆事实讲道理，对不讲道理的人，尽量不与之打交道，更怕与之交朋友。尽管朋友更在乎情义，但若超越理之大义，很容易成酒肉朋友，冲垮理性堤坝，干出蠢事坏事！

真理应该是最高权威，遵从真理也是现代人最核心的科学精神及人文素养的体现。所谓“实践是检验真理的唯一标准”是也。

因此，对于好的管理者，在实践中，就必须要做到是非分明，奖罚分明，公私分明，恩怨分明，不感情用事，不意气用事。这也是衡量一个管理者是否成熟的重要标准。

如此，管理者就会有威信，一定是有效的管理者！

管住真理，真的是管理者的看家本领！当然真理本身包含公理、常理（识）和专业知识三个层面。此外，还要注意，不要把资讯当做知识和真理……

2009年9月22日

18 如何把握真理？

上篇关于“管住真理”，引发很多朋友追问如何把握真理？在此进一步做回应，与大家分享探讨，本身也是一个很有意思的话题！

国人一定都记得“实践是检验真理的唯一标准”的口号，这句口号实质讲的就是如何把握真理！正是这句口号发动了国人思想大解放，从而直接导致了改革开放三十年中国的辉煌巨变。所以说思想决定行动，思想的能量是无比巨大的。

以本人多年的体会，实践不仅是检验真理的唯一标准，更是验证真理的唯一途径，也是把握真理的必然方法！所谓“听其言，观其行”、“有诺必践”、“言行一致”等说法，讲的都是这个道理！

在多年的管理实践中，有些人比较“怕”我，因为我不易被忽悠，比如有人给我讲“故事”，我首先会分析判断是否合乎逻辑，合乎情理，然后我一定会去求证核实，绝对不会随便听之信之，或只听一面之词。有时我还会让当事人复述，如果是编的故事，多半会前后不一致，露出破绽，在我的心目中这个人“信用”就会“破产”。

所以，真理的东西，一定是合乎逻辑的事实！作为管理者，如何听，如何判断事实真相，是非常重要的！否则，你的决策十有八九会产生偏差！

公理和常识通常很重要，多是被许多人验证过了的，我们只要去体验下，并了解掌握其成立的条件就行了。我的体会，通常致命的错误都是因为忽视公理和常识而犯的低级错误，人们通常极易聪明反被聪明误，容易忽视常理！或许是因为改革开放以来，我们更多强调了突破创新，先破后立，以致轻视了常识性的东西——常理！

实践是检验真理的唯一标准！在管理领域，我主张目标导向→过程控制→结果验证的实践模式。目标是要牢牢锁定的，过程是可以不断修正的，结果是可衡量的！如此，我们才算真正掌握了管理的真谛！

总之，管理一定要以理服人，把握真理的步骤是关键！首先要概念化，然后是逻辑化，最后实现价值化。概念化就是清晰定义，掌握管理的核心价值和边界，逻辑化是掌握管理的因果关系和关键环节，价值化就是我们想要的管理结果！

2009 年 9 月 27 日

19 再谈体系化管理

——组织执行的步骤

感谢贝因美同仁和朋友们对我前面几篇所谈管理理念的认同和兴趣，还希望我进一步与大家分享在组织管理以及实际操作层面上关于管理的心得，故特利用参加首届杭商大会的空隙整理成文，和大家分享！

杭商发展论坛现场

的确，如有朋友提的，管理乃是复杂的系统，真正在管理实践中，如果不上升到体系化层面，就不能算作真正的过关，称不上是管理行家。我将之定义为体系化管理，实操上我以为就是要掌握组织执行的关键步骤，才算得上真正的管理行家。

我理解的体系化管理的首要步骤是目标锁定！目标必须是可衡

量可考核的，具体的，我理解应该是目的的量化。目的不可轻易改变放弃，因为目的就是战略，也就是方向和原则。目标则可以修订，也可以分解，并且常常是阶段性的。但目标的合理性至关重要，一旦锁定，也决不可轻易动摇，所有的资源及行动都要朝向目标合理高效的配置和运作。这就是“目标导向”之本义！

第二步就是策略选择！策略应该是怎样达到目标的一系列方法、路径以及资源如何经济合理配置等。所谓目标策略方针是也！用系统论的观点，就是目标、功能、结构、要素的系统解决方案。如果没有充分把握，就应先试验、试点，以验证策略有效性或寻找更有效的策略，如果找不到成功的策略，目标就难以达成，那就得碰运气啦！因为，成功就是目标达成！策略就是方法，找不到有效策略等于没有掌握成功的方法，成功就只能是凭运气了！这是很危险的……

找到成功的方法——有效策略形成模式后，第三步应该是想方设法，从点到面加以复制，我将之定义为“体系架构”，包括职能规划、组织结构设计及人事安排、流程设计、任务分配几个核心环节。不会架构体系，意味着作为一个管理者，只能是一个基层的现场管理者，不能算是一个高层次的组织管理者。

好的组织管理者在体系架构时，还一定要高度重视团队建设。因为，同样的体系不同的团队去运作/运营效能可能会大不相同！就像同样的球赛，规则是一样的，不同的球队比赛起来，精彩程度和结果可能完全不同！优秀的管理者一定会非常注重团队建设！团队建设的关键在于团队融合和团队激励！就不展开了。通常，我还会同步检讨“目标⟷策略⟷体系⟷团队”，如发现问题及时解决，发现偏差随时修正！

我想，这也是戴明“PDCA”管理循环精髓之所在！

2009 年 9 月 29 日

20 创业致富VS打工致富

——创业板开通有感

欣闻创业板今日终于开通，整整期待了10年！记忆犹新，10年前，中国企业界激情涌动，我也算赶潮流，下决心发起设立股份公司，折腾了一年多，股份公司设立好了，创业板开通却没了时间表。但新的企业航船已经扬帆起航，股东们的钱退不回去了，贝因美也不是我一个人的事了。当我突然发现理想其实是可以放弃的，不可推卸的责任却把我牢牢套住，只能一路前行，进入创业的第二阶段——专注婴童，把贝因美做强做大！

回想当年的创业动机，除了书生意气、实业强国的理想，创业致富仍然是不必避讳的强大动力！今天，国人的财富观念相信已经彻底改变，创富成为中国人的最大公约数和共同梦想。但怎样致富？成功创富后如何使用财富，窃以为并未解决。而这恰恰是关于财富以及创富命题的核心，必须是要想清楚的，否则，很可能莫名其妙发财，稀里糊涂破产，甚至要命！

想创业的人我以为首先要搞清楚自己是否适合创业。并非所有人都适合做老板！也就是创业致富还是打工致富？这是方向性选择问题。或曰人生战略选择问题。人生最可怕的就是犯方向性错误，若此，跑得越快错得越离谱！

如果决定创业致富，那就要考虑单独创业还是合伙创业抑或借船出海！当然还有常规性的项目选择、资金筹集、人员招募。其实更重要的还是要弄清创业成功的条件、主客观因素。最重要的是要坚守“君子爱财，取之有道”！

如果没想明白，还是先老老实实打工，权当“偷师学艺”也无妨，只要你遵守职业道德，或许未来创业时，老板还帮你一把！多年的体会观察，老板能做成功的，不管老板大小，没有一个是等闲之辈！

真羡慕70后、80后的创业者们，赶上了好时机，不用苦等创业板开通10年，不用像我终于等到开通的时候，又没资格上创业板啦！

愿更多国人成功创富，通过创业板圆财富梦想！我想，这也是中国未来发展最强大的动力！相信中国的创业板一定会好！如果管理层认可，我还真想上创业板！因为我喜欢创业——创造也！

2009年10月23日

21 中国应建立统一的企业评价标准

——再谈创业板开通

看新闻得知，星期五首批 28 家创业板上市公司正式挂牌交易，全部涨停，非常火暴。我想这真切反映了国人对创业的热情和支持，但作为创业者，我认为一定要保持冷静和理性。还是那句话：没有激情就会死水一潭，失去理性就会洪水泛滥！今天由杭州市政府主办，婴童行业协会承办的首届中国婴童产业创富大赛启动，现场爆棚，出乎意料，似乎也受到创业板开通的刺激。相信大赛会很精彩成功！我也可以不厌其烦地和各位创富者分享创业心得……

首届中国婴童产业创富大赛启动仪式

兴奋之余，不由得想到一个问题，当下中国应该有一个统一衡量创业者及其企业的价值准则！即到底创业的价值如何体现，怎样的企业才是应该受我们尊重、尊敬的？对此，一直以来有些想法，借今天的机会写成博客，和朋友们探讨。

根据我和国际企业界及经济学界朋友的交流，一般国际上的认知，大企业主要贡献财税，当然还有就业、技术进步、行业规范等，中小企业主要提供就业，还有创新、激活市场等。本人一直认为企业是价值创造的主体，赚钱是硬道理，但“君子爱财，取之有道”。要追求五大价值统一（顾客价值＋股东价值＋员工价值＋社会价值＋合作伙伴价值），从最本质意义上讲，做企业就是价值创造的多赢游戏，财富就是赢家们应该分享的果实。

在首届中国婴童产业创富大赛上讲话

对于中国企业而言，我认为应该从以下四个方面来衡量好坏。

首先，在商言商，赚钱是硬道理，好的企业第一要看利税大小。利税越大表明创造的价值越大，对社会的贡献也越大。由此推论，政府对企业的奖励优惠政策，我认为首先要看税收贡献大小，才是最公平公正的，因为交税金额不能忽悠，大家据此排排坐，都没话说，或许还可以减少权力寻租和腐败。还有各地招商引资，多注重投资大小，其实明智的政策应该更注重产出——税收贡献大小。

其次，衡量好企业的标准应该看企业的员工规模、薪酬福利水平。对政府而言，是对就业的贡献。我接触过美国的地方政府招商引资，主要着眼于对当地就业的贡献。因为就业解决好了，人们收入提高了，地方就和谐安定，毕竟不可能人人都去做老板。

第三，衡量好企业的标准应该看诚信度。这也是公平原则的要求。如果以不正当竞争为手段取胜的企业被树为榜样，比笑贫不笑娼还要恶劣！为此，建议相关部门应该建立全国统一互通的企业资信认证体系。目前各自为政的资信系统某种意义上还有空子可钻。

第四，好企业还应该在创新方面有良好表现，不仅是技术创新，还有管理创新以及商业模式的创新都应该鼓励。多年的体会，创新力就是企业的可持续竞争力，而企业经营就像马拉松赛跑，创新耐久力非常重要。可以这么说，没有有效的管理，企业无法做好；没有雄厚的资本，企业很难做大；没有创新，企业很难做强做久。

当然，衡量企业的价值标准还很多。但窃以为不要搞得太复杂，太多了重点反而容易偏离，以上四条标准比较简单明了，望企业界思考，有关部门参考。

简而言之，好企业就看利税、就业、诚信、创新表现足矣！愿中国企业的价值取向越来越正确！中国企业的生态环境越来越好！

又及，政府可以分别设立利税贡献奖、就业贡献奖、诚信奖、创新奖鼓励企业更好地表现！创业板应该是对创业创新企业的最高奖励！

2009年11月1日

附：

在首届中国婴童产业创富大赛上的讲话

各位领导、各位来宾、各位来自五湖四海的朋友们：

下午好！

“投资婴童、赢取未来”一语双关道破了此次大赛的全部意义。

借着创业板开通的秋风，很高兴能够站在这里为首届中国婴童产业创富大赛、为中国婴童产业的发展鼓与呼。感谢杭州市政府主办此次大赛，杭州市婴童行业协会承办这次创富大赛，作为会长单位的贝因美责无旁贷地要站出来出一份力，贝因美发展到今天也有这个能力为推动这个产业、为把杭州打造成婴童之都再烧一把火；第二个高兴，是我能够借这次大赛的机会与行业精英、企业泰斗、管理专家、来自五湖四海的朋友切磋交流，相信会有很多的火花能够在这个过程中产生；我更高兴的是，能够和参加本次大赛的选手、有志在婴童行业一展身手的创富精英深入交流，让我、让参与大赛的专家评委、让五湖四海所有关注本次大赛的地球人共同感受你们的激情飞扬、专注持久和创意人生！18年前，我多么希望能站在你们的位子，得到那么多的关注与支持，可以不必受那么多煎熬……今天的你们是幸运的，因为你们，我们也是幸运的！创新，创富，创造人生，已经成为全体中国人的共识，成为中华复兴的强大动力！让我们共同为婴童事业的发展、中国和世界的金色未来，更为了中华民族的伟大复兴，烧一把火，尽一份力！愿更多的人加入进来！认定了就大胆追求。愿我们都拥有金色未来，梦想成真！预祝本次大赛圆满成功！谢谢大家的热情参与！

2009年11月1日

22 挖金矿 VS 种摇钱树

最近和一些创业朋友谈起产业选择，无不对房地产业向往羡慕。更有产业界朋友聊起，问我怎样看待房地产业和制造业，有什么感受，让我不无触动。恰逢贝因美17周年庆，遂将一些想法整理成博文，和大家分享。

首先，我认为任何产业只要是国计民生所需的，能够有相应的投资回报，都是值得从事的。至于我们选择什么产业去做，除了产业偏好，还要看机会和相应的条件及优势如何。但有一点可能很重要，思想上我们可喜欢多个产业，同时去追十只兔子，而行动上切记某个时段只能追一只兔子，也就是说做任何产业都要专注，因为我们的精力有限，没有人能够随随便便成功！

至于房地产和制造业，我认为前者就像挖金矿，挖到了就赚钱，当下中国正好遍地是金矿，所以，中国的房地产商们几乎个个赚得钵满盆满！

贝因美全球领先工艺设备配方奶粉干混分装工厂顺利封顶

但我以为，金矿终有一天是会挖完的。所以，我还是选择坚守制造业，我认为，做制造业更像种摇钱树，要找合适的土壤，选择良好的树苗，从小种下去，小心呵护才能成长，过程漫长、艰苦而寂寞，但无论如何，制造业是所有产业经济的基础，种好以后，就会比较有成就感。因为，金矿会越挖越少，摇钱树种好了会越长越大，但一定要耐得住寂寞……

非常理解当下制造业老板们的心态不平衡及焦虑不安。谁叫你那么喜欢买房置业去追捧地产商？但相信风水轮流转，如果哪天真的没人愿意做制造，可能正是中国制造的又一春来临之际，相信这一天迟早会来，当这一天到来，愚以为也就是中国真正走向强大之时！

愿中国制造业的春天早日回来！愿更多的人一起来种摇钱树……

再与大家分享：

大千世界结善缘，
芸芸众生观自在。
道法自然了因缘，
佛法无边本如来。

2009年11月6日

23 我们真是生意人吗?

——“生意人”的另类解读

在人民大会堂接受全国人大常委会副委员长、中国红十字会会长华建敏授予的博爱奖牌

由贝因美捐赠1.2亿元发起的幸福天使基金启动仪式在人民大会堂隆重举行

生意人就是商人，无商不奸，无奸不商，是千年古训。自下海以来，一直被生意人—商人的定性困扰，总觉得不对劲，不想被人认为是生意人。但创业不久，很快就意识到，要成为企业家，首先必须成为一个生意人——合格商人。也就是说，创业第一道菜就是要学会做生意，因为现实是无情的，做生意就是利益交换，好听点是价值交换，如果不懂，产品卖不出去，原料买不进来，价值实现不了，根本无法生存。在商言商，生意的背后，是商人的现实理性，精明的价值判断和利益算计。不管商人如何唯利是图，但有一个底线，不会强抢暗偷，只会讨价还价，这就是真正的生意人恪守的商道！

商道即人道，在人类历史演进过程中，商人社会是一个巨大进步，一个由真正的生意人为主体构成的社会，一定是和谐社会，因为生意人—商人的行为特质决定凡事虽讨价还价，但都协商解决，自然就形成和谐社会……

后来，当我创业有了一定积累以后，有些自认为在下海创业前想得很明白的命题又冒了出来，那就是人活着到底为什么？挣多少钱够？钱多了干什么？人生的意义到底是什么？为什么说人生是自编自导自演的生活大剧？为什么同样的人生，每个人命运却不相同？角色自然各不相同！但相同角色不同的人表现也很不相同?！结局也各不相同?！

忽然想到生意人的本质，倒是很有些意思，似乎还可以用来描写人生及其众生相。故今天特意写成博客和大家分享，也算是对大女儿——贝因美 17 岁的特别感慨……

生意人，本质上应该是懂得生命价值和生活意义的人。由此试问，我们都是生意人吗？但愿都是的，可惜我接触到的真正生意人不多。

生命科学研究表明，按照人类的基因构造，人类自然正常的生命可以到 150 岁。现在人类平均寿命只有不到一半，说明我们的生命潜力还很大。我以为寿命体现的是人类生命的自然价值，不等同于社会价值和人文价值。只有活得长，活出精彩，活出价值（社会价值和人文价值），才是真正体现生命价值最大化。每个个体生命都是独一无二的，因此，本质上（灵魂）也都是孤独的，而人类又是最典型的社会性（群体性）动物，又是独有思想意识的生命体。因此注定人类常常要灵肉分离，忍受精神的痛苦，当然相应也可以感受灵魂出窍的幻觉快乐，并可体会欲仙欲死的境界——所谓高峰体验是也。幸好我们有爱的本能（我以为爱是最基本的人文元素），我们的世界因而有了温情，从而滋生出文化，进而让我们变成了真正大写的人——生意人！由此，我们有主张：生命因爱而生，世界因爱而美！假如失去爱，我们将立即掉进恐怖世界！

那么，我们怎样才能成为真正的生意人，以减少人生的孤独，活出精彩，活出价值?！显然没有标准答案。为此，贝因美成功生养教提出了“成功人生”的概念。为什么提“成功生养教”，而不说“科学生养教”？其实我们的老祖宗是有深刻体会的，可惜我们今天的大多数人很少关注也少思考，很难体会啦！更谈不上认同和共鸣……当然，在精英知识阶层，有些反思和回归，但主流仍然是随波逐流的名利权追求，而常常是忘了真正的存在价值，忘了终极目的，进而把手段当成目的，甚至一不小心把尖刀插进自己的心脏，以显酷！

贝因美内部一直有企业文化培训，还有一个“积极的人生观”！作为员工生涯规划和职业发展的指导思想，但多年下来似乎没有引起足够重视，今天借题发挥，也期向更多朋友求证（借机也向原创者浙大余萧枫教授——我的大师兄鸣谢）。

所谓“积极的人生观”，就是“梦想成真”，也是类似于吸引力法则之类的东西。观点一，未来具有无限的可能性，关键看你今天怎么选择！建议你同时带上望远镜、广角镜、显微镜，看清楚想明白，你是谁？想要什么？凭什么要？哪是你的影响圈？哪是你的关

注圈？哪是你的控制圈？

今天的状况是你昨天、前天选择的结果，你的明天、后天取决于你今天的选择！时间是不可逆的，一定要想清楚。观点二，上帝面前人人聪明，只是你没发现自己的聪明！所谓“天生我材必有用”是也！怎么发现你的聪明？兴趣是也。没有兴趣赶快去培养兴趣，所谓兴趣是最好的老师是也！然后把兴趣再发展成志趣即可。往往你觉得容易的事就是你的聪明所在。因为世界上本来没有一件容易的事，如果你很容易做好它，说明你这方面有天赋，好好挖掘出来就是你的核心专长。再掌握下扬长避短的诀窍，必成功也！观点三，一生可以活 N 次或曰活九次，人人都可以是九命狐狸，有不同的想法，不同的活法。三思而后行，退一步海阔天空，进一步豁然开朗，借一步柳暗花明。千万不要自己跟自己过不去，要安命乐天，既要随缘又要惜缘！不要像小熊掰玉米一样，掰一个扔一个！生活虽无定式，但要有原则。如此才能真正活出精彩，活出价值。当然，人生不同阶段可以有不同的主题和重点，体现不同的价值。只有把人生价值追求转化为信念，以使命驱动，才能构建强大的人生动力机制，达成“生命不息，战斗不止”的最积极境界。如此，你想要不成功都不行！

但愿更多的朋友悟出生意人的真谛，活出精彩，活出价值，做真正的生意人！更希望贝因美更多人觉悟。

2009 年 11 月 20 日于北京生活馆

在《谢宏真道理》拍摄现场，为影视明星马羚签名赠书

24 “火星没事，地球有事”

——也谈文化营销

近日，由贝因美参与的“火星宝贝”之开篇《火星没事》在全国院线热映，引发很多朋友的好奇关切，问贝因美这一招葫芦里卖的什么药。今天抽空特写成博客做一下回应。其实很简单，这是贝因美尝试文化营销的一个动作而已。那贝因美为什么要尝试文化营销？因为贝因美想做领导品牌，对于真正的领导品牌必须要成为文化符号，因此就必然要做文化营销，否则品牌就不可能成为文化符号，也就不可能做成真正的领导品牌。

众所周知，文化就是人化，有人的地方就会产生相应的文化。火星上没人，当然就不会有事，所以“火星没事”。地球上人多，可以说已经人满为患，自然会发生很多事，所以地球一定有事，《2012》演绎的就是地球发生灾难的事……希望持续努力能将“火星宝贝”打造成中国式的哈里波特！

南京中山东路新华书店《火星没事》同名漫画现场签售

“文化是一个大箩筐，什么东西都可以往里装。”

“文化是一个万花筒，眼花缭乱看不懂。”

前者说的是文化策动者的陷阱，后者说的是文化识别者的困境。我理解，文化营销是高难度动作，很容易掉进陷阱，吃力不讨好的！

那贝因美为什么要做？因为贝因美今天的行业地位，非做不可！因为经济的背后是文化，婴童经济对应的是亲子文化。而文化的背后又是道德和信仰，体现着品牌的使命和全部价值。中国经济正在加速崛起，如果没有强大的原创文化力支撑，我以为是不可思议的。且婴童关乎国家、民族、家庭的未来，如果没有优秀健康文化的滋养，都在米老鼠、唐老鸭以及其他外来文化的包围下长大，作为中华文化——龙的传人，也是不可接受的，或者我们甘愿永远为全世界打工，永远做世界工厂。

愿更多朋友理解支持我们的尝试，包容我们的稚嫩。当然更希望贝因美的尝试能成功！这应该也是中国创造……

借机感谢所有支持贝因美做文化营销尝试的朋友，特别是刘仪伟先生。

2009 年 11 月 24 日

刘仪伟先生在南京苏果超市宣传电影《火星没事》，
并与南京分公司同事合影留念

25 企业家要讲政治

——也谈儒商精神

日前参加首届儒商高级研讨会，有些心得，可能对企业家朋友有用，故整理成博文和朋友们分享。

感慨之一，历史上很多儒商都曾经是红顶商人，红极一时，但结局大多不好，包括大名鼎鼎的胡雪岩。当然，有人会说他们不是真正的儒商。但我认为，他们本质上是真正的儒商。可能因为未能“学而优则仕”而追求“商而优则仕”，也可能是要“达则兼济天下”，做红顶商人可以“兼济天下”，还可以更好地兼顾生意，何乐而不为?! 但结局为什么不好？多是因为“触碰”政治，成为政治的牺牲品……

感慨之二，人之所需谓之儒。第一个真正的儒商应该是子贡，也是儒家价值知行合一的实践者。某种意义上，没有子贡，就没有今日我们所知的孔子儒家文化的传承。儒家是非常重视传承的，但为什么历史上儒商没能很好地传承？比如历史上最具代表性的儒商群体——徽商（有人说今天的浙商与历史上的徽商有很深的渊源，因为徽商主要出自徽州地区，紧挨浙江）。我以为主要还是受历史局限，但“富不过三代”的古训，还是折射出儒商传承的窘境，令人深思……

感慨之三，真正的儒家精神或原则是什么？对我们今天的中国本土企业家有什么可借鉴学习的？我以为那就是“君子爱财，取之有道”的商道原则。或者说是“商而不奸”，如有“商以济世”的情怀也不错。但窃以为要慎学红顶商人，做好自己的本分——经营管理好自己的企业最重要，这就是最大的价值体现。如果确实有余力，做点力所能及的慈善公益足够，最好不要去碰政治，更不要去玩政治！不妨向盛宣怀学习。千万不要有“帝王情结”，也勿要有“成功迷恋”，要永远坚守本分，抱持归零心态，保持清醒头脑——我是谁？想要什么？凭什么要？坚持“君子爱财，取之有道”的原则，“商以济世者”为上。

但我以为企业家一定要讲政治，懂政治！我接触的很多国际上的企业家其实都很讲政治。比如他们几乎不和外国人谈论本国政治，从不公开批评政治领导人，不轻易表露政治立场。因为现代企业家本身都是国家的公民，都很爱国，理性。（凡是民族的，都是政治的。）作为优秀社会公民，一定有更好的政治素养和敏感度，包括政治立场。中国的企业家就更应该讲政治，因为中国的大环境更注重政治，中国企业家就更要讲政治，经世致用，做公民的典范……爱国，有强烈社会责任感。（另儒商的重要特质之一就是知行合一，这也是今天我们应该学习的。）而把运作好企业上升为历史使命，诚信经营，不断创新，为企业发展多创利，为社会多创造财富，贡献税收，多解决就业，做好本分，就是最好的讲政治。

2009 年 12 月 6 日

26 谈谈管理者的基本功

——也谈执行文化

一直有朋友和贝因美人问我：怎样修炼管理的基本功？今抽空特做一下回应，但愿对大家有用。

我以为，管理者可区分为决策者和执行者（当然还可进一步分出监督者）。前者的基本功在于制定目标、策略、方针，应擅长于将目标策略方针转化为行动纲领——原则，即政策的制定能力。后者的基本功则在于理解执行力，也就是坚持原则、执行政策、达到目标的能力。

无论是决策者还是执行者，作为管理者的基础职业素养——基本功，窃以为都是概念化能力。所谓概念，是由相对应的内涵和外延组成的。内涵就是价值属性判断，外延就是具体对应的事件（物）。所谓概念化的能力，也就是自定义的能力。对管理者而言，内涵就是核心价值描述，外延就是管理边界的确定。决策者和执行者有不同的概念化能力，前者更多表现在清晰定义明确目的意义、利害关系上，后者更懂得“对号入座”——定位，也就是知道执行的边界，避免篮板球没人抢，边线球不去接。如果觉得我讲得不够清楚，有兴趣的话不妨大家去温习一下《形式逻辑》，绝对会对你有用。

我以为可以把管理者的基本功区分为基本职业素养和管理基本技能。两者就像武学中的内功和外功，需兼修才能更好地体现功力。

再谈执行文化，因为管理决策是否 OK，最后都要体现到执行力中去。而执行力很大程度上又受执行文化影响。我认为有三种执行文化，分成职责履行型、任务完成型和使命达成型。窃以为，第一种类型往往在职能管理部门存在较多，表现为按章办事，按部就班，看上去认真负责，实际是不知道灵活变通，实质上并不是以价值为导向的执行文化。任务完成型文化往往容易出现在业务部门，常常表现为只要任务完成就万事大吉，不管市场形势和机会价值！这两种执行文化的共同特点都是被动执行，甚至敷衍了事。缺乏主观能动性，越来越不适应当下决策执行的要求。我推崇使命达成型的执行文化，这就是罗文的《送给加西亚的信》（此书在全球流行意味着使命达成型执行文化已成主流执行文化）所讲的，其实质就是使命驱动，表现出积极主动，充分的主观能动性，这是最令人赞赏的执行文化！总之，要提高执行力，就要有好的执行文化，从改变执行文化入手，着力培养更多的罗文式的执行者管理者。另外所谓决策的可行性，则说的是从执行角度（层面）考虑决策。

2009 年贝因美营销大会——火烧赤壁

如果你能做到：换位不错位，到位不缺位，补位不越位，你就是超级棒的管理者。我常说要有概念，最怕的是没概念，那就意味着不清楚管理的目的意义，事物的核心价值，不知道职责范围，不清楚执行边界。那就会管理混乱，一定到处发生错位、缺位、越位，就会非常糟糕！

2009 年 12 月 7 日

27 企业家应该是杂家

我曾定义：企业家是运作企业的专家，可以是创业的老板出身，也可以是资深的职业经理人出身。但就企业家应该具备的知识和能力以及综合的素质而言，恐怕必须是杂家，而且一定要“杂”到“家”才行，最好是全能好手！最近，有不少创业以及立志做企业家的 MBA 同学问我：要成为企业家应该怎么修炼？什么样的人适合做企业家或者企业家最重要的特质是什么？我梳理了一下，结合自身的经历体会，今天抽空整理成博，与更多朋友分享交流。

按熊彼特的观点，企业家是有神圣天赋的人，是市场经济条件下商业社会中，对社会最具贡献和价值的人才，是最值得现代人、有志者学习的榜样或崇拜的偶像。当下中国，企业家群体也日益受关注和尊重，但对企业家的本质及其价值属性，窃以为还是认知不充分和有偏差的。很多人只是把企业家当做财富的拥有者和支配者（其实这本身就是很大的误解）看待，实际上还是金钱崇拜的折射，或者当做成功的化身，并不是真正理解企业家的特性及其存在价值。

我非常赞同熊彼特对企业家的评价，真正的企业家是经济危机中的突破创新者，是微观经济活动中的核心人物和领导者（灵魂人物）。通常情况下，企业家要有三大特质，一要有敏锐的商业直觉判断力，善于把握战略性的商业机会（按照“蓝海”理论就是善于发现开辟蓝海）；二是要有冒险精神，能够果断决策果敢行动；三是要有很强的组织领导力，通过系统的组织运作达成战略目标。越是经济大气候不好，越能突显真正企业家的特质。在西方成熟市场经济环境中，企业家不一定是真正的老板。像艾柯卡、韦尔奇，都不是老板，但却是真正的企业家——运作企业的专家。

中国的企业家目前更多的是像陈惠湘先生所说的创业家向企业家转型的路上，可能遇到的挑战会更大。因为中国的市场更大，更复杂，变化又快，还有政治的因素等，但也会给中国企业家更大的成长空间和施展舞台。

言归正题：作为企业家，切身体会具备的知识结构应该越宽越好，系统的经营管理知识自不必言，相关的社会科学、人文知识也必不可少。总之，懂得越多越不易被“蒙”，所有知识，不一定要像学者那样精通，但至少要知道基本概念、基本原理，并掌握原则和要领，能学以致用（我给贝因美商学院提的是商以致用）。如果企业家某一方面不懂，就很可能会付出大代价（交学费）。所以，真正的优秀企业家都视野非常开阔，心胸也是完全敞开的，都非常注重学习并有极强的学习能力，绝不自我局限。当然也会非常重视利用外脑外力的，也即善于做甲方，而要做精明的甲方，恰恰需要对相关知识和需求有很好的了解和价值判断。否则，就无法与乙方对接，乙方的专业人员认为你是外行，也不会把最好的东西拿给你，呈献应有的水准给你。

“贝因美母爱总动员　真情耀中华”大型活动在京启幕

此外，企业家还必须懂政治、懂法律、懂人，最好还懂点艺术，以及大的格局、全球视野等。总之，企业家应该是杂家！企业家最重要的特质应该是知了就要去做，即知行合一。学者只要“知”就行了，而企业家工作的本质属性则是发现价值、整合价值、创造价值、实现价值。如果中国能出成千上万像松下幸之助、土光敏夫、福特、比尔·盖茨、乔布斯这样的企业家，那么中国经济成功转型，中国真正强大一定更靠谱……当年日、韩两国经济崛起，很大程度上就是靠这样一批优秀企业家的推动，这些企业家因而也受到社会的充分尊重，甚至成为偶像崇拜，并形成了尊重企业家的良好氛围和文化，进而催生出一代代优秀企业家群体。

中国崛起需要企业家，经济转型期更需要真正的企业家引领突破！愿更多的创业朋友和 MBA 同学立志成为企业家！更希望中国企业家们能够得到国人的充分理解尊重，更好地实现价值。

2009 年 12 月 13 日

28　你是有效管理者还是英明领导者？

最近，不断被问到管理和领导的相关问题，颇有感触，以为对大家可能有用，下决心整理成博文，与大家分享。

记忆犹新，在20世纪80年代初，大学第二学期，在商学院图书馆读到当时台湾版的彼得·德鲁克的《有效的管理者》（这也是我读的第一本管理专著），如获至宝，如沐甘霖，用现在的流行语言就是非常震撼。从此管理的有效性原则就植入到我的骨髓，也就此下决心要做一个“有效的管理者”，并从自我管理开始，身体力行，探索有效管理之道，迄今未有懈怠。对管理的有效性原则也体会越来越深，所谓“没有科学的管理，只有有效的管理”是也。我理解，管理作为一门实践科学，非常复杂微妙，是一门综合性学科，可以说没有定式，其最高原则就是“有效”与否。而对于从事管理的管理者，则是难者不会，会者不难。如果把自我管理引入管理的基本范畴，那么管理应该成为人类最基本的机能和存在特征，而且是最重要的价值行为。直白说不懂管理，就无法立足于现代社会，做一个合格现代人。而不能有效自我管理，也就无法实现自我价值，做一个有存在价值的人。因此，管理应该要成为现代人的基本功修炼，人人都会都懂才好。为此，我想和大家尝试剖析一下有效性原则，多视角界定一下有效管理和英明领导。

首先，就管理的本质属性而言，我曾经有描述：通过有效的管事理人，达成既定的目标。因此，管理应该以事为本，以人为根。或者说以人为经，以事为纬。因为所有的事都是人为的，所谓“事在人为，人定胜天”就是此理。有效的管理就最本质的含义而言，就是如何处理好人和事的关系，以达成设定的目标，取得预期结果。

其次，就管理的要素属性而言，有效性原则就是“物尽其用，人尽其才，时尽其效”，也就是经济性原则。

再次，就管理的过程属性看，有效性原则就是决策的正确性和执行的准确性，所谓“做正确的事和正确地做事”是也！

第四，就管理的目标价值属性而言，有效性原则就是“不管白猫黑猫，抓住老鼠就是好猫”是也，也就是“成败论英雄”，即目标与手段的一致性，目标设定要价值合理，路径（手段）选择设计要合理经济可行。所谓三性原则（必要性、经济性、可行性）是也。

最后，就管理的职能属性而言，有效性原则就是“PDCA”的系统循环，也就是闭环原则。

因此，在具体的管理实践操作上，有效的管理者最关键的管理环节，就是设定合理可行的目标，然后选择经济可行的路径（手段），运用“三规”（规划、规则、规矩），按照PDCA循环，永远追求更快、更好、更省的目标和路径。也就是在决策上要高明，在执行上要高效，在结果上要高兴，使各方皆大欢喜（管理者和被管理者）。

再谈领导（Leader）。我理解，领导和管理是不可分割的两个概念，但又是不相同的两个概念（否则，英文和汉字都没必要产生两个不同的词汇）。个人体会，广义的管理包涵领导，或者说领导是管理的高级状态，是针对混沌状态或灰箱系统的管理方法（包括创新管理），更本质的含义是针对人的因素的管理，即侧重于管事理人的理人方面。“事在人为，人定胜天”，因此，领导应该是高层次的管理行为。由此，我们就可以进一步界定领导属性和本质特征，以及领导与管理的区别。

窃以为，领导的核心表征就是英明。就宏观层面而言，领导的根本职能就是明确事物发展的方向（管理的目标导向），并审时度势制定行动的纲领（管理的原则即策略、方针）及路线（管理的路径、手段）。因此，领导的水平，也就是首先体现在对事物的不确定性的预判和把握上，即是否英明的首要评判。

就领导的本质属性而言，领导的对象针对的是人，而人是思想动物，思想决定人的行动，意识支配人的行为。因此领导首先要在思想上实现领导，而思想又是最复杂的东西。如果不英明，就无法洞悉人们的思想，也就无法有效领导。因此，领导者必须先知先觉，保证自己思想意识的领先，并体现落实到具体明智的决策上。而了解思想，把握思想，表达思想——思想工作是领导的基本职能。

其次，英明的领导必须深刻了解把握人性特点，知道有效激励，因势利导，主要依靠调动人的主观能动性达到目标。就 HR 的操作而言，领导们都深知：绩效 = 态度 × 技能。而态度决定一切！领导的工作永远围绕如何把人们的态度调整到最佳状态而展开。深知态度取决于思想意识——价值取向（要什么），认知水平——是什么，为什么，以及情感偏好——兴趣爱好（是否喜欢）。因此，“统一思想，导正态度，协调行动”，是领导者的常态工作。

英明领导的最大挑战来自于领导失败的风险！因而怎样避免领导失败，如何建立领导权威，是英明领导的核心课题。对此，笔者体会，作为领导者，可以在两方面下工夫，一方面要从事物发展变化的把握——即不确定性方面下工夫，或者说道行上努力，不断证明自己的正确，那就要与时俱进，不断修正自己，千万不要刚愎自用，所谓“得道成功”是也。另一方面，要在德行上下工夫，要言而有信，是非分明，赏罚分明，公私分明，慎用权术，做到“公开、公平、公正”，并永远坚持上述“三公”原则，力求最大限度得到人们的信赖，所谓“德行天下”也。而作为下属，则要把维护领导威信，在领导决策前充分表达不同意见，决策后坚决执行，保留不同意见，证明领导正确作为重要的行为取向。

那么，从领导的核心技巧而言，我常与贝因美管理层调侃：领导既要高高在上，又要平易近人。高高在上，指的是领导者水平要高，觉悟境界要高，姿态要高，永远站在高端看问题，有远见高见，决策要高明。平易近人，指的是行为表现上，切勿居高临下，不尊重下属，或者自我隔离，主观臆断，官僚习气，玩弄权术，脱离团队，不近人情。如此，等于自废领导武功，丧失领导力，必将承受领导失败的恶果。

就领导实践而言，只要把握住方向和原则即可，不宜管得过细，干预太多。但必须对后果负责，因此关键环节一定要掌控，即善于HACCP，好的领导应该是放风筝的高手！永远以帮助下属成功——飞得高为乐事……而作为管理者，则必须同时把握目标与路径（过程），掌控细节，特别是关键细节。这是由两者的角色区别造成的。所以，我常开玩笑说，外行可以领导内行，管理则不可以，否则，一定会鸡飞狗跳。管理和领导的另一个重要区别就是“管理靠权力，领导靠水平”，特别是执行管理者，必须充分理解领导决策，才能执行到位，避免滥用权力而鸡飞狗跳。否则，还会损害领导威信，就不能算合格的管理者。

总之，有效管理和英明领导是一个困难的话题，但愿对大家有用。

附：

我的成功格言

成功的经验可以借鉴
成功的模式难以模仿
成功的法则必须遵循
失败的教训必须汲取

2009 年 12 月 22 日

29 再谈如何把握真理

——兼谈变革和创新管理

古人云“仁者见仁，智者见智”，老百姓更常讲“公说公有理，婆说婆有理”，说明要把握真理，统一认识，达成共识，历来都是很困难的。尽管“实践是检验真理的唯一标准”的理念在中国已深入人心，但如何准确地把握真理，仍然是世界性的难题。最新的哥本哈根气候大会又是一个典型案例，中国近三十年改革开放社会经济转型以及全球后金融危机发展趋势，更是大难题！不禁想起“量子测不准定律”，颇有感触，故想与大家做下探讨。也是因为我曾写过“管住真理——管理的另类解读”，有朋友提出前提性的问题，就是“如何把握真理”。觉得问题提得很好，也必须回应，不想拖过2009年，特挤时间在今天做回应探讨！

以我的知识储备，首先从哲学的角度理解，真理应该是概念化到逻辑化再到价值化的统一循环。也就是理论与实践的统一，逻辑与事实的统一。实践是检验真理的唯一标准，本质上提供的是验证真理的手段和途径。也就是说，实践本身并非是真理，因此，需要另行探寻真理本身的尺度标准及存在形态。

真理概念本身源自古希腊哲学。我理解，真理的形态，包括公理、常识（常理）、已发现的客观规律，以及待发现的客观规律。已发现的客观规律也可以自动归入到常识，这样，真理的存在就只有三种状态，而待发现的客观规律就是创新管理的范畴。“摸着石头过河”可以说就是通俗的创新管理的有效方法。中国改革开放本质上也是创新管理，正是用的这个方法，是有哲学依据的。

但是，摸着石头过河，还是先要有目的方向和原则条件的。比如，为什么要过河？过河的目的是什么？因为没有桥和船可用，只好摸着石头过河。过河时必须保证不被水冲走，要有生命安全保障等。这就是真理的标准尺度问题，也就是先要做价值准则提炼，这才是把握真理的关键所在。而所谓的公理和常识，窃以为相当程度上就是普世价值，这是我们毋需实践验证而必须遵循的。

我们需要着力探寻的应该是待发现的客观规律。而价值准则就是真理的尺度，实践则是用价值准则去衡量真理的动作过程。就创新的方法而言，就是试错，通过试错不断修正价值准则，完善对客观规律的认知把握。从变革管理创新的角度，也就是首先要统一价值准则，以统一的价值准则去衡量管理实践创新，否则，就无法达成共识，变革和创新就不能成功！

如果上升到创造的层面讨论，创造的实质是无中生有，也就是发现全新真理和价值！创造就是挖掘全新的价值和客观规律。创造常常会以奇特的新生事物表现出来！因此，我们绝不可以简单用常识去判断新奇事物，但新奇事物必须是可验证和有价值的。否则，就是忽悠，千万要小心！

中国人通常不习惯探寻真理本身的存在形态和价值。比如同样的话，不同的人说，影响力和公信力不一样，所谓位卑言微，更多看重的是人格权威（表现为高位者常一言九鼎）。这是很不利创新发展的！科学是追求真理的产物，近现代科学未能在中国孕育诞生很大程度上与中国传统的人文价值取向有关！即不是以真善美为核心价值追求，过分强调“和”、“善”、“缘”，即中庸之道。但愿国人能够在“科学发展，以人为本”的理念引导下向理性公民社会发展。如果中国人都能够更好地知道如何把握真理，就可以更好地实现“中国制造”向“中国创造”的发展提升，而不忽悠！更希望借此指引中国改革开放后三十年的价值创新和更有效的变革发展！警惕以“实践是检验真理的唯一标准”为幌子，瞎折腾，乱变革，实则为某些利益集团谋利说话！

另外，窃以为变革创新者本质上是修正主义者。我有个变革创新的路径：价值取向→目标导向→过程控制→结果验证→不断修正，持续追求更快、更好、更省的价值实现，这也是贝因美一直以来的变革创新流程，也顺便和朋友们分享。

但愿我讲清楚了，你看明白了！

2009 年 12 月 28 日

30 分类管理，有效管理的头道菜

《你是有效管理者还是英明领导者》引起了许多朋友和贝因美同仁的反响，纷纷希望我能进一步与大家分享如何做有效管理者的心得体会，自己也觉得那篇博客意犹未尽，也很有必要再说一下进入有效管理的基本门槛。

多年以来的体会，有效管理的头道菜应该是分类管理。所谓分类管理，我以为本质上是代数中同类项合并的原理。大到宇宙星系，我们的地球世界和国家，小到我们的日常生活，内衣/外套、客厅/卧室、家具/日用品、荤菜/素菜，无不存在分类管理。

老祖宗道，“物以类聚，人以群分”，体现的就是分类管理思想！说明我们老祖宗在管理实践上是很先进的。

分类管理的目的，首先方便我们认知，以便做价值属性判断，同时，有利于我们做价值选择，帮助我们提高行动效能，即提高管理效率，降低管理成本。

因此，分类管理的方式方法主要有两种，一是根据事物的价值属性进行分类管理，所谓轻重缓急好坏是非是也，二是根据事物的管理属性进行分类，比如简单与复杂程度、难易程度、权限大小等，并据此制订相应的管理流程和规则，以提高管理效率。

还有就是根据管理对象的自然（物理）属性进行分类管理，比如动植物、气候季节、时间等。

总之，分类管理是有效管理者的基本功，所谓“凡事首先要做价值属性判断”进行分类是也。只要你有分类管理的意识，很快就能进入状态，迈向有效管理者行列。

2009年12年30日

31 授权，有效管理的金钥匙

有关“有效管理”的话题竟引起那么大的关注，既预想不到，又在情理之中。很多朋友希望我进一步分享心得体会。其中许多朋友非常关切授权问题，的确这是非现场管理者非常关键的一个有效管理课题。特利用元旦假期整理成博文，和大家分享。

所谓非现场管理者，就是有多层次下属的管理者，很大程度上也就是领导者。由于这类管理者通常不能在当事现场“发号施令”，又要有效管理，贯彻领导意图，达成管理目标。因此，就必须要有效授权管理。如此，有效授权也就成为组织（多层次）管理者的必修课和必须掌握的金钥匙。

以我多年的体会，授权管理既要讲究原则，又要讲究艺术，或者说就是权力运用的艺术。而凡是既是科学，又是艺术的东西，都是超难的。授权更是如此，如果授权不充分，下属无法很好地行使权力处理事情，很可能误事，反过来连累授权者。而如果授权不恰当，把过大的权力授予了不合适的对象，导致滥用权力，很可能会坏事，招致授权者威望受损。以上是授权管理者首先要避免的两种情况。

窃以为授权要考虑的首要原则就是人事适当。就是什么事委派什么人去办，需要授予多大的权限一定要心里有谱。这是授权管理者的基本思维。通常，常态化、模式化的事应该优先授权，例外事项以及没有先例的事项不宜授权，也就是所谓的例外管理原则。由此，派生出两种授权方式，一种针对常态化、模式化的事项，宜制定规章制度处理，即制度化授权，或形成惯例，按先例处理，也叫惯例化授权（通常小的组织或非正式组织较多采用）。另一种，针对特殊事项，授权特定对象，也就是特别授权，也就是因人因事授权。古代皇帝派钦差大臣去调查处理特别事件还给尚方宝剑，可以先斩后奏，就是特别授权的做法。特别授权多在特别情势下用，一般要慎用。

授权一定是给人的，就此而言，授权对象必须是品格信任，再加能力信任，两者缺一不可。常说领导者要“知人善任”，我理解就是这个含义。

当然，授权还有一个原则，应该是以不失控为前提，以权责对应为原则。因此，必要的监督检查，甚至相互制约也是可以理解的。千万不可被绑着卖了，还帮着去数钱（背书）。因此，还有一个授权原则，就是授权不能脱责。如果被授权者没办好事，出了什么差池，授权者就要承担领导责任。有些管理者常常拿下属做替罪羊，英明的领导应该高度警觉：只会邀功诿过，推卸责任，这样的管理者一定不可以重用。如果重用，损害的不只是领导的威信，一旦不堪重用，会坏大事！但也不要无原则地为下属护短，否则，会养成下属不负责任、不思进取的心态，可能还会引发组织内部的人事冲夺，甚至领导矛盾（我常提醒贝因美高管小心被小鬼们发动领导“斗”领导）。

简而言之，对授权者而言，授权通常应该以规范化为前提，以制度化授权为上策。特别授权要审慎（特殊事件多本身就说明管理很有问题，此外还很容易导致信任危机），例外事项不宜授权。必须要知人善任，有限授权，权责对应，信任不放任！职责权限一定要清楚明确。

对被授权者而言，一定要珍惜珍重不辜负领导信任，既要大胆用权又不可越权，切勿滥权！我常给贝因美管理层讲，有规章制度按规章制度办，没规章制度有领导指示就按领导指示办，既没规章制度又没领导指示就按先例办，什么也没有那就“看着办”。作为好的执行管理者，一定要充分发挥主观能动性，那就要做到五个明了：明了所做事情的目的意义及具体目标；明了相关的规章制度（游戏规则)；明了自己的职责权限；明了可利用的内外部有形无形资源；明了需要配合的相关人事及其权责。

并且该请示的一定要请示（事先进行，超出权限），该报告的一定要及时报告（事后事中进行，无法执行，权限不够，资源不足等情况下）。另外还有五个“凡事”：凡事首先要判断价值属性（利害关系）；凡事一定要认真研究策划（事前）；凡事一定要全力以赴做好（不花钱的好事大胆去做，花钱少的好事积极做好，花钱多的大事全力做好）；凡事一定要及时总结提高（事后）；凡事一定要即时反馈复命（向授权者及相关者）。这些都是我经常向贝因美管理层强调的。

以上其实也是“做正确的事、正确地做事”的法则。

当然还有一个非常重要的有效管理原则，那就是组织结构尽可能扁平化，也就是尽量减少不必要的管理层次，就可以减少系统耗散、授权麻烦和管理偏差。

此外，应特别注意不当授权。那就是人们常见的层层发包、击鼓传花式的授权：大懒抓小懒，大鬼抓小鬼。甚至以承包处罚代替有效管理，不应该的“小鬼当家”就是这样产生的。当然，历史上还有皇权旁置等不当授权现象，不在此讨论。

当然，不当授权还有任人唯亲现象。此种现象有其合理性。因为，通常亲近的人比较了解，而信任基于了解。作为参与管理者，对此要有客观的分析评价，保持良好的心态。真的很可能是：授权大代表领导信任，不是为难你；权责小是领导照顾，不是不信任。领导常来视察代表领导重视，而并非不放心；领导不来视察，代表领导放心，不是不重视。一定要正面积极思维，保持良好的做事心态，最后送一句：群众的眼睛是雪亮的，领导的心里是透亮的，按规划行动，按规则游戏，按规矩办事，大胆授权，审慎用权，别要小聪明！

但愿对大家有用！

附：

诗　一　首

——元旦假期再上玉皇山有感

江湖一览放眼亮，
行者论道声音响。
各路神明福星观，
玉皇山顶新景象。

2010 年 1 月 3 日

第二篇 说人道

1 今天

今天，一个特别的日子，我也终于开博客了：

因为生命的不可逆

因为我们要做事业

因为可以分享一些感受

因为我的宝贝安妮满月了

……

2006 年 9 月 15 日

2 今天是非常特殊的日子

——“九一八”有感

不能忘却的日子——历史上的国耻国难日，

安妮妈妈的生日，安妮妈妈的妈妈的受难日。

巧合的是，我的安妮的生日——八·一五，正好是那个胜利日。

有很多话想说，又不知从何说起，因为不喜欢作秀，更不愿作态！回想当年下海时的性格背景：真话不能说，假话不愿说，不说又难受！真是“江山易改，禀性难移”。

所以开博客，是因为想起一哲人的格言：

> 我思故我在，我行故我活。
>
> 思想支配行动，行动导致结果。

人之为人，首先是因为有思想！只不过，有些人想得多做得多；有些人想得多做得少；有些人不多想执著做；有些人只想不做——思想家？有些人不想不做——行尸走肉！有些人放在心里想，只做不说；有些人想了要说，又说又做；有些人只说不做；有些人说得多，做得少；有些人说得少，做得多……

我总觉得应该把自己归归类，但一时间竟不知道归哪一类，自认为2001年就“大彻大悟”的我，竟然在此问题上“困惑”，好像有点说不过去。

不是我不在状态，而是没有达到我想要的状态！

感谢大家的关爱，只想和大家就感兴趣的话题做一些交流，就怕不在状态，还有符码不对。

我的宝贝安妮，状态绝对比她爸好，能吃能睡，大小便正常！

2006年9月18日

3 人生

安妮安妮乖乖宝，
吃好睡好乖宝宝，
健康成长好宝宝，
长大以后干什么？
耶！……

不由自主，安妮宝贝成了我很大的牵挂！深切体会到“可怜天下父母心”了。

感谢一周来大家的关心关注！实在太忙，无法做到天天博，见谅！

没想到，大家最想交流的话题是“人生”——成功人生、生涯规划、人生价值……可这话题太大太深了。可能是因为不少人听过我的讲座的缘故。讲座中我对人生有一个自定义：人生 = 生命价值实现抑或耗散的过程。人人生而平等，这个过程不可逆，起点是生，终点是死，生老病死无法逃避。只不过有人喜欢过程的快意，有人追求结局的辉煌。

人都是自己做的，没有人可以指点人生。父母也不能为子女“设计人生”。但我们都是凡夫俗人，难免困惑，甚至迷茫，因此，有时候需要有人指点迷津。

刚从河南回来，顺访了少林寺，得诗一首，和大家分享：

达摩祖师淡定，
大乘佛法入定。

登峰造极少林，

诸子百家禅定。

安妮长得很快，母乳不够吃了，自然用贝因美奶粉补足！了解到很多差不多同一时间出生的宝宝生长情况，感觉现行的婴幼儿体格生长发育标准要修订。有几个宝宝简直“疯长”，可能隐含着一个严重的养育问题——生长激素污染，在此提醒新手爸爸妈妈注意！时间关系，具体下次再聊，我还需要寻找一些依据。

（谢安妮42天生长发育指标：身高60厘米，体重4.9公斤）

2006年9月25日

4 中秋感悟

又到国庆中秋节，
光阴如矢不回头。
人生中途事情多，
我辈自当多保重。
长假七天，不亦乐乎！

有很多亲友来看安妮。我也借机调整一下自己。

反思，修行，淡定……

不论伟人还是凡人，权贵还是平民，都无法逃脱：人生就是与死亡赛跑，只不过我们无法确切预知死亡时点。过一天少一天，吃一顿少一顿，所以我们要珍惜，更要想通。

正是对死亡的上述认知，帮助我淡定，更好地思考和行动。不怨天尤人，不自暴自弃，急而不躁，永远保持良好的心态。

安妮越来越可爱，已经会下意识地笑。我觉得女孩子不一定要美艳惊人，但一定要可爱，会笑是可爱的最佳表现，所谓一笑倾城大概就是这个含义。

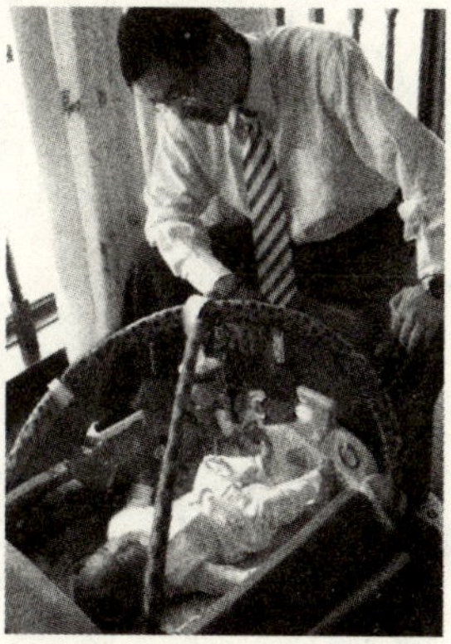

对话

在此，顺便建议一些女孩子，不要太在意自己是否漂亮，但一定要设法让自己变得更可爱，漂亮不等于可爱，可爱就是美！

最近有不少朋友感叹做人难，郁闷。我要直言：难者不会，会者不难。郁闷是因为没有悟透。也许朋友会反问：你站着说话不腰疼。因为，你已经很大程度上成功，富人不知穷人穷，高人不知矮人烦！

为此，我愿意和任何人交流，PK。

我不认为我今天已经很成功，但我可以保证迄今做人问心无愧。

今天我把多年前总结的人生发展七大陷阱和大家分享：

迷失人生目标

丧失做人原则

缺乏自知之明

急功近利

自以为是

自以为大

半途而废

2009 年 10 月 9 日

5 人贵有自知之明

天道酬勤
地道酬实
人道酬善
君子爱财
取之有道

实在太忙了，未能及时高频次地更新博客，让大家等待失望了！其实，我越是忙，越有感想和感慨，越想写博文，但确实“人在江湖，身不由己”！公务、商务、家务凑一起，人生交响乐还真不好奏！想必很多人早有体会，理解万岁！（这是我和朋友沟通时最喜欢发的感叹）

月嫂曲阿姨撤了，安妮有些不适应，不开心，她已经习惯了曲阿姨的悉心照顾。安妮妈小心翼翼地照料着安妮，很辛苦，也很幸福。我让安妮妈不要太小心，太紧张！顺其自然就好。还好，安妮还算争气，各项成长发育指标良好，行为表现堪称优秀，省儿保的欧院长和几位资深妇幼保健医生来看她，都赞不绝口，给予充分肯定，说养得好，天赋也不错。我深感欣慰！又想是否是大家的奉承（不管那么多，有机会 show 一下或者 PK 一下就知道了）。

正心里有些不安，想起杭州人的一句俚语：瘌痢头的儿子，自家的好！于是心安理得，自己笑了！人类的德性又一次在我身上得到了充分体现：往往每个人都觉得自己是很优秀的（当然包括自己生的）！别人成功是运气好，自己成功是本事大！自己不成功是运气不好，是这世界对自己不公平，有人跟自己过不去（假想敌意识的发生原由)！哈，这是不是人类智慧基因的缺陷所致——人贵有自知之明！真是做人最难的就是自知之明：我是谁？想要什么？凭什么要？

有一个朋友问我为什么会这样，我说：人类发明镜子晚了些！朋友大笑……的确，人类在发明镜子以前，只能看见别人丑陋的样子，看不见自己是啥样，聪明点的到清水边照一下，风一吹变形了，照样看不清，风平水清时看见了，发现不怎么好看，又想，那是水里的影子，怎么是我，说不定是鬼呢！

（安妮 70 天成长发育指标：体重 6.4 公斤，身高 63 厘米，会抓握玩具，会有意识对人笑，饿了会叫“姆妈”，感知觉灵敏，会听音辨声。）

2006 年 10 月 24 日

6 新年寄语

大家新年好！久违了，抱歉！

开不完的会，批不完的文件，见不完的客人，做不完的沟通……体会到“盛名之下，其实难副”的滋味！

安妮很乖，各项生长发育指标良好，几乎天天游泳，一次基本要游30分钟，因此体能特别好——游泳真是宝宝最佳的体能训练，而体能训练对宝宝早期健康发育及感知觉统合发展非常有益，更是后续智能发育的基础，千万不可轻视哦！

安妮基本上不吵闹，我和安妮妈都坚信：成功人生，从小起步。其中培养宝宝的独立性非常重要！因此，我们从一开始就让安妮单独睡宝宝床。现在安妮已非常习惯，怡然自得睡得香甜。这样我们就很轻松自在。宝宝的独立性一定要从基本的生活方式——养育方法做起。

安妮的生物钟也被我们培养得很好。一般上下午各睡一觉，每觉睡两小时左右。傍晚7点钟开始睡到午夜12点左右，吃一顿贝因美营养米粉或营养粉，然后一觉睡到早上7点钟，正好和我们的睡眠时间吻合。宝宝的生物钟很重要，最好不要轻易搞乱，这与宝宝的健康发育甚至早期人格养成都有很大关系。

遗憾的是安妮妈得了一次感冒，母乳紧缩，不得已只好给安妮断了母乳，欣慰的是安妮没有强烈不适的反应，很顺利地断了母乳，过渡到完全人工喂养。这可能是混合喂养的一大好处吧。（听我妈说，我小时候严重母乳依赖，断奶后一度拒绝吃东西，以致体重下降好几斤，可能还影响到智商和个性，本来我可能更聪明，涵养也会更好点，哈哈！)

安妮另外的一个良好表现就是爱笑，特别是早上睡醒以后的一段时间，会对所有逗她的人笑出声来。根据贝因美的生养教理念，会笑的孩子情商高，说话早的宝宝智商高。个人认为女孩子情商比智商更重要。有老外批评中国人不会笑，不善于情感沟通交流，甚至提到不会笑是一种人格障碍，听起来有些危言耸听。但此种现象确实存在，值得引起广大中国宝宝妈咪们的重视是真的。

写到这里，不由得强烈感受到“国民素养，从小培养”的深刻内涵和重要性！不由得想起当年所做的中国现代化课题研究的结论：中国现代化的最大障碍和挑战——人的现代化，国民素养的提高。如果我们能够把众多的人口包袱转化为人力资源优势，那我们的国家将会怎样？

……

让我们共同努力吧！既为人父母，既然做了中国人，不为理想，也有责任！为宝宝“成功人生，从小起步”打好基础，为国家“国民素养，从小培养”尽一份心力！

新年好运！愿安妮和所有宝宝健康成长，幸福快乐！愿天下父母尽享天伦之乐！

（安妮最新生长发育指标：135 天，身高 73 厘米，体重 8.5 公斤）

2007 年 1 月 1 日

7 人在江湖，身不由己；得道成功，德行天下

真的久违了，只有一个原由，“大女儿”——贝因美遭遇成长的烦恼！昨天，终于给她过了15岁生日（大家可能已经在相关媒体上看到消息了），可以告一段落，回头做点自己的事，会会朋友，写写博客了。

与朋友们用博客交流，绝对是令人欣喜的事。

接受大家的批评，但愿今后不会断断续续，一博到底，义无反顾，一路前行！)

为表歉意，赋诗一首：

钱江潮涌西子静，
人物动静总相宜。
道德文章不容易，
古往今来有几人！

2007年11月12日

8 天道酬勤，地道酬实，人道酬善

不觉中，安妮宝贝满16个月了，表现得独立自主性越来越强，好奇心越来越强。在此，和家长们分享一点，千万不要为宝贝的好奇心担忧，不要去阻止压制。宝贝天性如此，有个体差异，只要宝贝能接受，没有安全问题，就大胆放手让宝贝去探索尝试，道法自然，让宝贝去认知世界吧！

朋友们和浙大的MBA同学们给我许多题目——命题作文，实在是很有想法也很感兴趣，但当下实在是没时间成文，又不想找枪手，只好请大家谅解，再欠着吧！

比如从shopping感受香港的国际化和商业精神，中国的食品安全问题——我们还能吃什么？中国的玩具到底怎么了？哲商和商人社会……

天道酬勤，地道酬实，人道酬善。
商道酬信，能者为上，贤者为主。
德者为尊，得道成功，德行天下。

公布一下安妮16个月的生长发育数据吧：身高87.5厘米，体重28.6斤，绝对冠军宝贝吧！

2007年12月20日

9　第三次真正的震撼

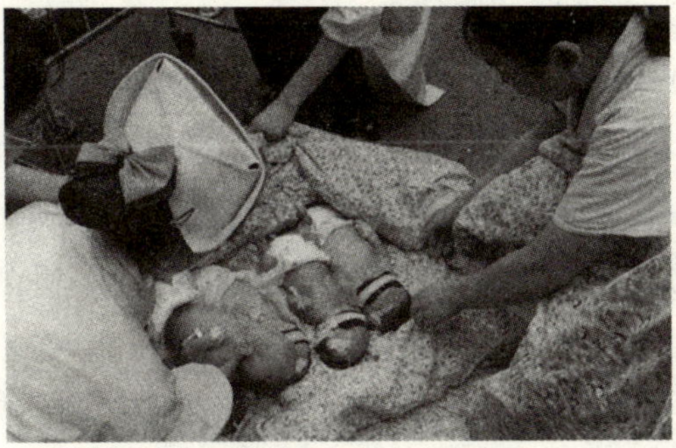

地震灾区的新生命

为本次地震死难者哀悼！

活着的人好好活！

记忆中这是第三次大地震，1976 年唐山大地震，1984 年黄海大地震，本次……

贝因美第一时间决定联手中国儿童少年基金会母婴关爱基金向灾区捐赠 259 万钱物，并发动全体员工捐赠，表达一份爱心！

……

地震，是否是地球发怒?!

生命因爱而生，世界因爱而美！

密切关注灾情震情发展……

活着的人一定要好好活！

2008 年 5 月 14 日

10 学习能力是个人的核心竞争力

——给全体贝因美人的一封信

竞争是自然界、所有物种、人类生存的基本状态。学习是所有生物的本能，更是人类生存的根本，人类之所以为万物之灵，就在于比所有物种有更强的学习能力。也就是说，一切生命的生存处境和生活状态均取决于竞争者的竞争力，即应对变革与激烈的外部竞争，能否取胜于竞争对手的竞争力。

对于人类个体而言，其竞争力更由学习能力所决定。这一点从生物进化角度很容易理解——“物竞天择，适者生存”，资源的相对匮乏导致了激烈的生存竞争，变化的环境则决定“适者生存”的方向。学习即起源于人与不断变化的环境的互动之中，是人类主动获取经验和知识、以增进对环境（及竞争对手）的了解和应对能力、以期在生存竞争中胜出的行为。在环境急剧变化的条件下发生的竞争之中，更强的学习能力意味着环境中的个体能够更快更好地适应环境、应对对手，也即意味着个体在生存竞争中胜出的更大可能。

由此可见，学习的需求是由环境决定、天然存在的，而竞争的意识则源于人的生存本能，成为学习的根本驱动力。因此学习能力就是个人生存发展的核心竞争力。

但是，由于人类二律背反的发展，如今我们面临的早已不仅仅是简单的生存竞争。竞争的结果，也早已不仅仅是赤裸裸的生与死。“活着就是活着，不为活着以外的任何东西活着”，似乎很容易，很简单，很正确。身处现代社会的我们，生存的矛盾似乎不存在了，竞争似乎不需要了，学习的驱动力渐渐消散，似乎不必继续学习了。

人们开始向往“位高权重责任轻，钱多事少离家近，打球打到腿抽筋，睡觉睡到自然醒”的生活。于是，“温水煮青蛙”的故事发生了。

这是近二十年来在西方发达国家十分普及的社会现象，也一度是令国人羡煞的生活方式。但星移斗转，时间来到2008年，次贷危机突然层层爆发，多个国家集体“裸泳”，号称“世界最富裕”、“最和平”的某些北欧国家甚至濒临破产，每位国民相当于身负37万美元的债务。可以说，经济危机虽由经济范畴内的种种原因而起，但意识形态上的危机早已在国民心态和国家体制中悄然筑就：竞争意识缺位，精英意识淡薄，学习行为缺失……意识决定行为，行为导致结果，当下这一切，值得我们每个中国人深思！

现在，让我们收回视线，重新审视我们的组织和命运共同体——贝因美。

到今天，贝因美已经走进风风雨雨的第17年。17年来，我们的核心竞争力步步提升。可以说贝因美今天的一切成就，包括在刚刚过去的除夕夜中央电视台春节晚会上的精彩亮相，都是我们17年来坚持不懈打造核心竞争力的必然结果。

然而近来我已经听到有些人说，贝因美已经“够”大了，言下之意是“你们可以躺着吃老本了”；还有人向我当面表示惊讶，说没想到我现在居然还在夜以继日地工作。次贷危机以前我可能还要耐着性子解释“逆水行舟，不进则退”云云。次贷危机发生以后我就省心多了：中国不能成为冰岛，贝因美人不能成为雷曼兄弟！事实上，我们已经体会到了学习和进步的相对不足给贝因美带来的阵痛：内部运营管理跟不上战略发展和业务拓展的要求，各方面现实表现跟不上品牌声望的提升速度……我们的方方面面，仍然急迫地需要进步！而这些进步，只能来源于我们每一位贝因美人脚踏实地的学习、自动自发的努力！如果说我们并不缺乏竞争意识和精英意识，那么我们仍然要持续不断地植入和强化这种意识，更重要的是要及时充分地转化为学习的行动。

那么，我们究竟应该学习什么，又应该如何学习？

首先，我希望各位还记得曾经与大家分享过的“五个学会”：学会学习，学会做人，学会做事，学会沟通，学会生活。如果要衡量

“五个学会”的轻重缓急，那么我认为，“学会学习”是先决条件，也是决定学习结果和水平的重要因素，因此是我们当前的重中之重，应该被放在最优先的地位。

学习的过程也就是追求成功人生的过程。因此，首先应该端正态度，也就是人生态度。这就要求在学习过程中务必要避开“十大陷阱”：迷失方向，不知所措；没有目标，失去动力；没有原则，失去人格；自以为是，刚愎自用；自以为大，目空一切；急功近利，不择手段；迷失自我，不知所处；意气用事，失去理智；感情用事，为情所困；不知不觉，麻木不仁。以前我说过，十大陷阱掉进去两三个，可能就完了。现在做下修正：只要意识到自己掉进去了，只要还想爬出来重新开始，那么就还有机会。吃一堑，长一智，这也算是挫折学习，但是千万要记住“同样的错误不能犯两次”！

贝因美是“商学院”，也是“成功生养教研究院”、“人生大学堂”，因此，是很好的学习平台。我支持行动学习法，只要你把每项工作都作为课题来研究，每件任务都当案例来做，你一定就大不同。这或许就是我们贝因美人迈向学习型组织、打造知识/文化型企业的金钥匙。

在这里，我认为有必要再次强调人生三问：

我是谁？想要什么？凭什么要？

这是关于人生追求、价值实现的最根本的三个问题，也是我希望每个贝因美人不懈思考、求索、参悟、实践的关于事业乃至整个生涯规划的命题。同时希望每个贝因美人思考：为什么到贝因美来？想要什么？凭什么要？我相信，每个贝因美人都可以成为社会的精英，都可以实现自己的人生价值。只要相信这一点，你就可以拥有无穷的内在驱动，就能不断提升自己，获得进步。我更希望大家能够把职业发展规划与生涯规划高度整合，更多人成为事业经理人，实现成功人生！

最后，唯愿“我学习、我努力、我进步、我成功”成为每个贝因美人的自我激励信条，从今天开始、从此刻开始，改变自己，影响旁人，活出精彩，活出价值！

2009 年 3 月 6 日

11　人生更需要有效经营管理

子曰：吾十有五而志于学，三十而立，四十而不惑，五十而知天命，六十而耳顺，七十而从心所欲，不逾矩。

这是孔子对人生发展的感悟。我理解，这应该也许是历史上最早的人生经营意识。因此，可以说孔子是第一位人生导师，其儒家理论也可以说是中国传统的人生经营管理理念，且系统而博大精深，历久弥新，堪称圣人而伟大。

西方式的人生经营管理理念更直接体现在生涯规划上。整个成功学就是如何更有效、更好地经营人生的理念和方法，所谓成功人生就是人生价值最大化地实现，这也是西方精英们的核心人生动力及理念，值得我们认真借鉴学习。

我以为人生需要有效的经营管理，首先因为人生是不可逆的过程。逝者如斯夫，所谓过了这个村，没有那家店；世上买不到后悔药；吃一顿少一顿……所以要把握机会，用心经营，珍惜缘分，自重自爱。

人生需要有效的经营管理，更在于人类是社会性动物，需要社会化生存，竞合发展。但首先要做好自我管理，从日常的生活到工作、学习。一个连自己生活都不能料理的人是很难在现代社会很好地生存发展的。特别是作为经营管理者，如果连自己都管不好，我以为很难去管理别人。此外，人际关系，包括亲情都需要有效经营管理。不论是自由职业的社会人还是职业经理人，都需要建立个人品牌和声望，否则，就无法体现和实现社会价值。

人生经营管理的首要事宜就是立志定目标，没有明确的人生目标，就会迷失方向，所有的资源和机会都将毫无意义，甚至变成包袱！且没有目标就没有动力。所以，我把失去目标列为人生第一大陷阱……

目标设定以后，就要寻找成功路径。明了达到目标的所有相关因素，进行有效的管理。想清楚我是谁，想要什么，凭什么要，至关重要。我以为经营成功人生的基础管理就是所谓的五个学会：学会学习，学会生活，学会沟通，学会做人，学会做事。而学会学习——学习能力乃是现代人最重要的个人核心竞争力。

而衡量人生经营管理有效性和成功的标准或者说成功人生的表征应该是身体健康＋事业有成＋生活幸福，分别是本体价值、社会价值、自我价值的体现，也就是说成功人生就是上述三大价值的统合综效。而所谓成功，就是目标达成，愿望实现。

所以，人生经营管理的本质就是把命运掌握在自己手里，我学习，我努力，我成功！这也是西方成功人士所谓的真正精英意识！

——与浙江工商大学在校同学“漫漫求学路”之共享成长互动活动补记分享

参加浙江工商大学在校同学“漫漫求学路”之共享成长互动活动

2009年6月5日

12　精英意识 VS 贵族意识

终于了却了一桩心愿！用滨江区政府奖励我个人的 70 万元为刘锡光老师设立了“浙江大学刘锡光人文奖励基金”，希望借此推动刘老师的学术遗著的整理研究，并对浙大人文学科建设和人文精神的弘扬有所助益，更期望更多有识之士更加重视人文素养。

浙大人文学院希望搞个仪式并顺便让我与感兴趣的同学们分享一下我的一些人生感悟。遂在 6 月 11 日晚到浙大紫金港校区出席仪式并做了一场“人文精神与成功人生”的演讲，一起参与的同仁们觉得此次所讲颇有意思，建议我整理成博客与更多朋友分享，故成此文。

首先，对有朋友问为什么要个人行为而不是贝因美行为，我的回答是：因为这是我和刘老师的师生缘所牵引出来的事，与贝因美无关。我认为作为一个大写的人，一定要是非分明，公私分明，恩怨分明，赏罚分明。不能糊里糊涂去“爱”，更不能稀里糊涂地“恨”。作为一个老板和管理者更要如此，自认为精英的人们尤应坚守，甚至可以说这应是精英们为人处世的基本原则，也是最重要的人文精神，最基本的精英意识。

今天的大学生，我以为仍然是天之骄子，尤其是名校大学生们。也就是时代的宠儿，未来社会的精英。通常现代社会乃是精英社会，精英们的思想意识和精神，决定着社会风气和发展趋势。

同学们似乎对此非常感兴趣。我以为，同学们千万不要不把自己当回事，虚度了光阴。“天生我材必有用”，“三百六十行，行行出状元”应该就是中国传统的精英意识！坊间曾流行什么“位高权重责任轻，钱多事少离家近，睡觉睡到自然醒，打球打到腿抽筋，数钱数到手痉挛”，我以为这是很糟糕的意识形态，千万要摒弃！

《阿甘正传》这个美国式的经典故事，体现的正是西方式的精英意识……每个人只要找到适合自己的位置，坚持不懈地努力就会成功，也就是人生价值的最好体现。

因此，我理解的真正的精英意识，应该是：我学习，我努力，我负责，我成功，我享受（成果）。同学们千万不要被什么“学好数理化，不如有个好爸爸”，“学好文史哲，不如会巴结”之类的说法忽悠了。

但，同学们也不要太把自己当回事，也就是说要区分精英意识和贵族意识。有人说，当下中国正在形成新的社会阶层（级），所谓的由有权有钱人构成的权贵阶层，以及对应的无权无钱的人构成的平民阶层。如果太把自己当回事，错把贵族意识当成精英意识，很可能就会酿成类似杭州不久前发生的“70 码”这样的悲剧，十分危险！

我以为当下中国充满了机会，只要你正确执著地努力，好好学习，学以致用，有道有德，就一定会成功！千万不要消极，被问题所困，当我们大家都以为这是严重的问题的时候，就是问题解决向好的方向转变的开始！

所谓成功，我认为就是你自己设定的目标达成，愿望实现，价值体现出来。千万不要把别人的目标当做自己成功的标准。

最后，有同学问我做人的原则，只有 9 个字而已：重情义，讲道理，守法纪！

2009 年 6 月 16 日

13 这辈子我们还能干什么？

——商学院同学会有感

不经意间、不知不觉中，大学同学们相识29年，毕业25年啦……想当年，意气风发，恰同学少年，不曾想，现人到中年……不管是否功成名就，都已拖儿带女，经历酸甜苦辣，声色犬马，各有一番人生滋味藏心头，不由感慨……这辈子我们还能干什么？是否人到中年万事休？

时逢商学院同学到哈尔滨、安达、北京相聚，深有感触，特写成博客，和未能这次相聚的同学及所有60后同学分享，但愿有共鸣！

首先，我想说60后的同学们，我们都是“奔五”的人，所谓人到中年，一定要注意保养，重视健康并善待自己。我们都上有老下有小，我们的身体健康绝不仅仅是自己的事。坊间有一个说法很好，健康是“1”，再多的财富都是“0”，如果失去了健康的生命，再多的财富都毫无意义，都归零。所以，我们一定要善待自己，养成健康的生活方式，保持良好的心态，拿得起，放得下。不妨适当放慢工作节奏，偶尔放飞心情，学会放松紧绷的人生之弦，注重一下养生之道——这绝不是老年人的专利，更应是中年之道。如果把人生比作一场不可回头的马拉松赛跑，那么人到中年就是最需要坚持并讲究调理的阶段，千万小心透支……切不可硬拼！

其次，我想应该善待家人。我理解家既是人生重要的避风港，又是加油站。家人是我们最重要的人生伴侣。小爱至亲，亲情无价。作为一个成功者，如果不能善待家人，是有大问题的。应多创造条件，有时间尽可能多和家人在一起，或旅行，或拉家常，或什么也不做，都是非常有意义的。家是不能丢的！

亲爱的60后同学们，我们都曾经思考讨论过人生的真谛、人生的意义，或许在50后眼里，我们永远不如他们老练成熟，而在70后、80后甚或90后眼里，我们是传统保守的即将退出舞台的一拨……我以为这些都不重要，重要的是我们如何定位自己，如何理解人生的真谛，身体力行，把握历史给每代人的机会，活出精彩，活出价值！当下“六八干部”的说法（60年代出生、80年代上大学），已经为我们这一拨做了很好的注脚，我们千万不要自废武功，消极对待，演出刚开始，就急于谢幕。我们性格上确实是不善张扬，却是不由自主要承上启下，成为独特的被表现的一代。因为我们在传统的旧体制下成长，非常幸运地被中国改革开放的历史大潮所裹挟，改革开放成了我们的成人礼。因此，我们是真正的历史幸运儿。

如今我们人到中年，应该是如日中天，气壮如牛，我们所要担当的就是承上启下的历史使命，所要做的就是珍惜历史给予我们的人生舞台，演绎精彩人生，赢得更多掌声，真正演绎出人生的真谛和价值，成就我们的人生，活出精彩，活出价值。

假如你已功成名就，身处舞台中央，扮演主角，除了珍惜机缘，更好的表演，建议你更多用心选拔培养好事业接班人……

假如你平平常常，不妨多关注子女的教育培养，他们是你生命的延续，美好人生愿望的寄托，更是爱的传承……

如果你一切尚好，自我感觉良好，建议你珍惜人生，设法保持年轻活力，延缓衰老的到来。最好的方法就是“读万卷书，行万里路”，抱持终身学习的态度，因为学习是维持大脑活力、保持身心健康最有效的法宝（人的衰老是从大脑开始的，人的落后更是从思想开始的）。

当然，亲爱的60后同学们，西方有人生三宝（事业、爱情、友谊）之说，我们的缘分，同学之情，当属三宝之一，望大家惜缘。如果有什么需要相互帮助的，请坦诚相告，朋友就是在有困难有需要时能提供帮助者。

我理解，人生就是以死亡为终点站的长途旅行，或者说是以死亡为最后一集的连续剧，无论剧本多厚，长短如何，最重要的就是演出精彩，活出价值。所谓“生死由命，富贵在天，成败在我，不以物喜，不以己悲”是也……60后，生逢其时，同学们加油吧！

亲爱的60后同学们，这辈子我们还能做什么？想明白了吗？

2009年8月13日

14 职业发展阶梯 VS 禅修的境界

——也说我的创业心路历程

曾听一位老板朋友说："老板也是一种特殊的职业，而且是高危的职业。"非常赞同此说，而且"高处不胜寒"！

今天，贝因美公司创立 17 周年，今年周年庆活动比较丰富多彩，贝因美的业绩表现也越来越好，更收到很多溢美祝贺之词，但我并没有特别高兴，反而感觉无形的压力越来越大！不由回想起整个创业的心路历程，颇为感慨，写出来和朋友们分享，或许对大家有用。

其实我创业的心路历程很简单，那就是从理想出发到责任使然，再到使命驱动，也就是说贝因美周年庆口号"理想、责任、使命"其实是我创业心路历程的写照。怎么理解呢？从理想出发，是指一开始的创业动机，真的是抱着实业强国的理想，书生意气，激扬下海，跳下海后发现不是那么回事。苦不堪言，很不适应，但书生死要面子，不好意思上岸，到发现理想可以放弃的时候，已经被责任套牢，而责任是无法推脱的，只好硬着头皮坚持，施出浑身解数努力。后忽然想起禅修的境界，遂大彻大悟！反正没有了退路，与其被动应对，不如当做使命，乐此不疲地去做，如此一转念，果然状态很不相同，从此贝因美发展也便驶上了快车道……

最近有不少贝因美人以及创业的朋友常问起，更关切如何去规划职业发展及生涯规划，我想借机一并做一下回应，但愿对大家有些用处！

记得 30 年前初步接触到禅修的境界，觉得蛮有意思，便记了下

笔者在《火星没事》启动仪式上与中影集团韩三平总裁亲切互动

来，但体会不深。直到2001年左右豁然开朗，意识到禅修的几个阶段——境界，其实就是人生发展——职业发展的阶梯，从此便视此为圭臬。此和不少贝因美骨干及好友分享过，但发现大家感受不同，并没有我预想的那么热烈回应，后来就不大说了。最近想，可能是我没有做系统的描述，大家可能也不好意思探究，我应该把它写出来，权当为博客凑数吧！

所谓禅修的境界，就是先入静/入定，再入门/入流，然后出师/入世，共三组六重境界。禅者讲究慧根，我理解就是天赋或曰悟性，有些人可能永远到不了最高境界，也就是说出不了师，也就无法入世，普度众生也！入静讲的修禅者，首先要静得下来然后入定，即下定决心，义无反顾，谓之定力。在此基础上，才能入得了门，进入修行阶段，体会禅的意思，然后再了解所有的禅意并能身体力行，跟上师傅及同门师兄的修行，谓之入流，俗称跟得上潮流是也。当你能独立准确判断发展趋势及对号入座讲述禅理，就算出师啦！这样，师傅就要赶你下山，就是让你回到世俗社会，入世去做功德。前面所有的阶段也可以概括为做功课。修禅者只要做足功课做好功德可也，这就是我现在理解的禅修的境界！

对应当下现代人的职业发展阶梯，窃以为颇为相像。现代人的职业发展阶梯应该从进校门起算（不管你什么学历），那就是从学校门先进入社会门/行业门，再到专业门/职业门，然后到组织门/事业门，合三组六门。多年观察体会，这是一个规律，通常一组门从进去到出来至少3年，而且不可跨越，有些人甚至根本进不了门，有些人进了某个门却出不来，职业化发展道路也就中止，那就永远无法取得理想的职业成就。第一组门要解决的是从学生变成社会人并入行懂行，其衡量标志就是知道一般人情世故并了解所在行业的规则及行业价值属性。第二组门是在行业的某个方面，掌握核心专长，知道做正确的事和正确地做事。比如你是搞财务管理的，核心专长是核算管理，那就可以说你是一个专业的成本会计。又比如你是做营销的，擅长于消费品的渠道及分销，知道什么品类走什么渠道，以怎样的分销策略阻击竞品，建立最有效的分销标准及体系，那你就是个专业的销售经理。同时，你还养成了良好的职业习惯，比如专业的分析思维，既能发现问题，又能解决问题，当然还有守时守约的基本职业习惯，才算完成职业化。专业和不专业往往就差那么一点点，就像99℃的水和100℃的水，只差1℃，后者就是开水——能喝，前者就不是。

顺着职业发展阶梯，在职业化完成职业门出来后，顺理成章应该向事业经理人发展，那就是要进入组织门和事业门。但很遗憾的是，很多人往往从职业门出来后始终进不了或不愿进入组织门和事业门，从而无法到达人生职业发展的最高阶段，纵有才而空悲切，经常叹怀才不遇，我以为其实是掉进了职业发展的误区，撞到了天花板。事业人和职业人的根本不同在于意识形态和价值取向，前者视自己为组织人，谋求个人利益和组织利益统一及最大化，后者追求个人价值最大化，给多少利益，干多少事。或者打个比方，前者是志愿兵，后者是雇佣军，谁给钱多就为谁打仗！但愿有更多职业经理人能够向事业经理人转变发展！中国太需要优秀的事业经理人！

明星妈咪在贝因美全球概念店成功生养教研究中心体验

有问职业与事业的区别？窃以为前者只是谋生的手段，永远只能是工具，后者可以名利双收并传承，体现的是人生价值（社会价值和自我价值）最大化。我以为真正感兴趣，愿意一辈子干下去的工作就可以当做事业！但要小心，不要急于求成，每道门里还有很多道坎。

然而，有志者事竟成！多年以来，观察干事业的人都有如下共同特质：第一，精力充沛；第二，意志坚强；第三，头脑清醒；第四，既能坚持原则，又能灵活变通；第五，信念与使命驱动；第六，非常专注，锲而不舍，最终有志者事竟成！各位不妨对号入座……

本篇愿与众多成功人士共鸣，更希望能对路上的朋友和贝因美人有帮助！

禅修的境界：

学者 —入静/入定→ —入门/入流→ —出师/入世→ 禅者

职业发展的阶梯：

—学生/学校门→ —社会门/行业门→ —专业门/职业门→ —组织门/事业门→ ⇄组织人/事业经理人

2009 年 11 月 11 日

15 “不做总统，就做营销人”

——为人类进入营销时代鼓与呼兼谈个人品牌塑造

昨天《中国经营报》发表了我的一个题为《不做总统，就做营销人》的访谈，引起很多朋友关注关切！有不少朋友特别对我所提“人类进入营销时代”表示了高度兴趣，希望我能够做进一步分享探讨，盛情难却，还是写成博客与更多朋友讨论分享……

首先，人类进入营销时代是因为全球化——人类科技经济文化发展的必然结果。因为，营销首先是经济上竞争的必然产物，当人们被称为经济人时，营销就成为竞争取胜的必然（不论从道或术而言）。因而，我认为营销本质上是人类生存发展竞争的本能反应，当现代化、市场化、全球化把我们带入全方位生存竞争状态时，人类进入全方位营销时代就成为不可避免！

然而，真正的营销应该是竞合发展，是激发人们潜能的生存游戏，绝不应该是“你死我活”的生死格斗，但必定是要有胜负的比赛。因此，可以把营销定义为：比竞争者更好更快地赢得营销对象认可认同的互动游戏。既然是游戏，就应该是有规则的，也是有规律的，当然这是营销者的营销定义。只不过政治家营销的是政治理念及其实践，争取的是人民最大限度的理解支持；企业家营销的是企业文化及其价值，以争取市场最大限度的支持，产品和服务只不过是载体；宗教组织营销的是信仰及其教义，争取的是更多的信众；学者营销的是学术思想，争取的是更多的共鸣：每一个组织营销的都是自身的独特存在价值，作为个人也是如此……

组织营销最怕的是成员不能达成共识，不能形成一致的目标，

在中国儿童食品专业学会上做婴幼儿食品安全体系完善的报告

从而无法协调行动，陷入耗散状态，失去存在的价值。还有就是目标策略方针的不协同，表里不一，本末倒置，或金玉其外，败絮其中，或内秀外拙（劣），不能很好地体现价值。甚至把手段当做目的，把尖刀插入自己人的心脏。此外，就是缺乏与竞争对手的区隔，不能突显自己的个性——即品牌价值。从而很容易淹没在市场大海之中，至多在涨潮时随波逐流地分一杯羹，终究不能长久。或者东施效颦，掉进山寨文化的陷阱！

个人营销的基本命题就是如何塑造个人品牌，“我是谁”就是品牌定位，“我想要什么”就是目标选择，“凭什么要”就是策略方针，也就是核心专长竞争优势打造。个人品牌打造的内涵本质我以为就是人格塑造。谈恋爱是最具代表性的个人营销行为，我常跟贝因美的 HR 和营销高管半开玩笑半认真地说，找营销人员要找会谈恋爱的，不会谈恋爱的人很难悟到营销的真谛，是做不好营销的。而婚姻家庭则是个人营销管理的核心体现，进一步可以说，婚姻家庭经营管理不好的人，是很难做好营销管理，从而很难进入到营销管理的最高境界的。此外，还有八维人际关系管理，都是个人营销的基本功，而五个学会（学会学习、学会生活、学会做人、学会做事、学会沟通）就是个人营销学习的基本内容。总之，个人营销最怕的是不知道自己是谁，想要什么，凭什么要，即失去人生目标，没有方向原则。另外，最糟糕的就是没有人格，丧尽天良，相当于个人品牌价值丢失，甚至变负数。所谓生涯规划本质上就是个人营销发展规划，如此，谋定而后动，成功人生方可期。

时间关系，不多写了。真的为人类进入营销时代鼓与呼，这是一场谁也无法逆转逃避但却充满激情刺激的马拉松赛跑，需要激情、智慧、理性、规则，更应该是多赢的游戏！营销既是术更是道，忽悠绝不是真正的营销，只会伤害个人品牌诚信度，而失去诚信度的品牌是没有价值的。有机会愿与更多朋友进一步探讨！

2009 年 12 月 1 日

16　八维人际关系管理

——为人处世的基本功

一直以来有新人问我，如何做人——为人处世的基本要领是什么？其实，本人骨子里也是个书生，常常书生意气，人情世故方面也自知是弱智的。但书读得多，理论上还是可以的，现整理成文，和大家交流探讨。

人是社会关系的总和。受斯蒂文·柯维《五维人际管理》的启发，我把现实中的人的社会关系根据不同属性划分成八类，以为处理好此八类（维）人际关系，就是为人处世的基本功，并曾经与贝因美同仁分享，都以为受用。

第一维，首先要处理好与领导——直接上司的关系，无论你干什么工作，如果不能得到领导的理解支持，一定很难干好，弄不好还吃力不讨好。好的领导通常喜欢积极主动的下属，要的是结果，注重绩效，不喜欢阿谀奉承，最好的马屁就是业绩表现。互动中只要充分尊重即可，不需要你仰视以及过分热情。只要你想领导之所想，急领导之所急，干领导之所望，就一定能得到领导的赏识，一有机会一定会提拔重用你。领导也是人，不用紧张害怕，如果不喜欢你，也只要做好本分，坦然面对就好！

第二维是下属关系。处理好下属关系最重要的是要换位思考，因势利导，做到是非分明，奖罚分明，并理解尊重下属的人格，必要的话可以善意批评。切勿滥用职权，那样一定得不到真正的尊重，只能得到表面的敬畏和服从。

第三维是同事和同僚的关系。同事一般指的是一个部门甚至一个办公室的人，同僚是级别相同，但不是一个部门的人。这是最微妙和难相处的关系。因为大家层级相同，可能还会发生晋升竞争。但往往在工作中又需要相互配合支持。因此，相互理解尊重是处理好同事关系的准则。切勿掉进拉山头甚至结党营私的陷阱！更要注意不要因为同事/同僚冲突，损害大局利益。那样，一定会被老板收拾！

第四维应该是对外业务往来关系，我把它定义为客情关系或者说客户关系。好的客户关系是我们事业发展的翅膀，是宝贵的社会关系资源。如果处理不好，就会成为事业发展的沉重翅膀。处理客情关系的原则应该是平等互利，追求共赢。不要以势压人，处于强势地位时仗势欺人；处于劣势时，低声下气，丧失尊严。日久见人心，路遥知马力。只有发展平等健康的客情关系，才能长久，方能给你的业务和事业带来超值回报。

第五维是朋友关系，也可以叫友情关系。是指没有业务往来的纯粹朋友，可以包括同学、战友、老乡之类的关系。这也是我们人生中宝贵的社会关系资源。友情关系贵在真诚，所谓朋友越老越好，良好的友情关系基础上建立的友谊是人生的宝贵财富，西方人谓之三宝之一。最难得的是诤友、益友，可以为我们的人生旅途加油添彩，不图回报。当然，酒肉朋友也可以不少，但要把握好，不要酒后乱性，干出蠢事。

第六维是师长关系，是指老师和长辈的关系处理。如果有好的师长能够指点迷津，绝对是人生大幸。如能成为良师益友式的忘年交，那更是佳话。处理师长关系最重要的也是尊重关爱，所谓师道尊严是也。

第七维应该是家人及亲戚关系。我把它定义为亲情关系。所谓亲情无价，处理亲情关系最重要的原则是要公私分明，又要至情至性。亲情关爱应该是无条件的，但是有原则的，什么事情该帮，什么事情不能帮，一定要有谱。亲情关系处理切忌势利眼，但往往也很难。世态好坏、人情冷暖往往也在亲情关系上体现出来。

第八维当然是自我管理。一个连自己都管理不好的人，是很难立足于现代社会的，古人所说“没出息”。自我管理包涵自我形象管理、健康管理、情绪管理、精力管理、时间管理等。“不以物喜，不以己悲”，是儒家的追求。“失意泰然，得意淡然”，是道家的境界。如果你想成功，你就要先树立成功的自我形象，跳脱人生的十大陷阱。君子坦荡荡，小人常戚戚。如果你悟透了八维人际关系管理，要想不成功都不行。因为一个人的成功很大程度上取决于会否做人！

但愿对大家有用，特别对80后新人……

2009年12月17日

17 怕的是集体无意识

物以类聚，人以群分！

孙中山曾经把人群分为三类：少数先知先觉者，大部分后知后觉者，一部分不知不觉者。集体无意识者，应该就是孙中山所说的第三类人。

这类人，也就是掉进人生第十大陷阱者：不知不觉，麻木不仁，不可救药！

这类人，常常可能还自我感觉良好，自以为大，自以为是，自鸣得意，沾沾自喜！可怕的正是如此!!

为什么？

因为现代化正让我们的物质生活越来越丰富，精神却变得越来越“贫困”……

因为信息化让我们的资讯“泛滥”，而我们处理资讯——把握真理的能力却越来越差。

因为城市化让我们的物理距离越来越接近，而我们的心理距离却越来越疏远，甚至家人亲人之间亦如此。

集体无意识，就是群体迷失！因为大家都如此，我们也就见怪不怪！我们因此很可能被“温水煮群蛙”……真正可怕的就在于此！

我们不怕落后，就怕意识不到落后！

我们不怕危机，就怕意识不到危机！

我们不怕挑战，就怕意识不到风险！

我们更不怕问题，就怕意识不到问题所在！

我们也不怕失败，怕的是意识不到失败的后果，不知道为什么失败！

我们喜欢成功！怕的是稀里糊涂成功，莫名其妙落败！

不怕后知后觉，就怕不知不觉！

不怕大部分人无意识，怕的是精英分子（通常应该是先知先觉者）也无意识，且执迷不悟！

地球人，朋友们，你以为呢？

只要我们意识到了，我们就可以行动，就可以改变，甚至后来居上……

忽想起多年前写的一首打油诗，一并附上和朋友们分享：

钱江潮涌西子静，
人物动静总相宜。
文武之道张亦弛，
大道有德任驰骋！

2010年1月5日

18 80后，快立起来

子曰：吾十有五而志于学，三十而立，四十而不惑，五十而知天命，六十而耳顺，七十而随心所欲，不逾矩。

今天，现代化的历史车轮使人类变得更加早熟，我们的人生境界应该提前十年，最好是：五岁即志于学，二十而立，三十而不惑，四十而知天命，五十而耳顺，六十而随心所欲，不逾矩。

我认为人生有三个年龄：数字年龄、生理年龄、心理年龄。除了数字年龄是以我们的出生日期计算的，不能改变以外，生理年龄和心理年龄我们是可以调整的，也就是可以和数字年龄不相称的。这是我一贯的观点，当你的生理年龄比数字年龄显得小，人们会说你年轻。当你的心理年龄比你数字年龄显小，人们会说你幼稚，老顽童就是典型。反之，人们会说你老成。还有一种情况，人们会说你阳光，心态好，那就是你心态积极，自然看上去也会更年轻，因此，希望朋友们都“80后”一把，甚至“90后”！但切勿“生理上早熟，心理上迟熟”！

而今年2010年，被称为80后的1980年以后出生的一代，正迈入孔老夫子所说的而立之年，一直以来80后都是媒体、社会各方面关注和热议的群体，贝因美现在也有一大批80后，故很久以来就很想和80后“小朋友”交流下作为60后一分子对80后的感受和期许，或许是多此一举，但想到了不吐不快！特此斗胆一博……

首先，我要说，80后是幸运的一代，因为，80后正好生长于中国改革开放的时代，见证了改革开放的历史过程。以我的观察，80后的父母大多是50后，他们上山下乡，经历“文革”的痛苦，而后返城，接着又面临下岗，他们因此对自己的子女——80后特别关爱，宠爱有加。因此，80后的家庭成长环境是非常幸福的，而在社会成长环境方面，处在中国改革开放的大潮中，社会思想、文化、经济都充满生机活力，因此，可以形成全新的思维、知识、性格，成为超越其他年代的幸运儿。

但从某种意义而言，80后一代又是“不幸”的。因为，他们的50后父母，会把自己的人生希望完全寄托在自己子女——80后身上，这会让80后承受巨大的成长压力，造成部分80后对家庭的逆反，学习的逆反，甚至性格的“另类”与心理的扭曲。而改革开放的社会成长环境，某种意义上就是混沌无序和不确定的环境，这会造成某种成长的巨大社会压力，很容易导致迷失、彷徨，甚至逃避、逆反。所以，80后群体本身就是分化的，不可以一概而论。

从我接触的80后而言，我要大声说：我喜欢80后！不管80后群体本身如何分化，80后有一些鲜明的共同特点，是非常可爱的！

首先，80后们大都敢爱敢恨，爱憎分明，不虚伪。因此，没有其他年代群体的世俗功利性。

其次，80后们通常怎么想，就怎么说，怎么干，少有心口不一，口是心非。这是人格健全的重要表征！是最值得赞赏的一点。

再次，80后们多富有激情，敢作敢为，勇于挑战，具有非常好的创新特质。

还有，80后们对资讯非常敏感，知识面也不错，接受新生事物超快，适应能力超强！

再有，80后们大都心态良好，不妒贤嫉能。可能有一些崇洋，但绝不妒强！虽然会有些对家庭和父母的依赖，但更多是敢闯敢冲，表现出良好的独立性和冲劲。

此外，80后们大多是独生子女，可能是深得父母宠爱之故，可能表面上对父母不一定孝敬顺从，但实际上很顾念父母，一心想着事业有成，有机会出人头地，报答父母养育之恩。

观察80后们，最大的不足，似乎是欠缺思考，因此，某些时候容易被看上去“漂亮”、“时尚”的东西所迷惑，容易被表象的东西忽悠！当然还有些小毛病，比如比较感性和情绪化，不太接受批评，凭兴趣做事。但这一切，何尝不是其他年代的人同样有过的“成长的瘙痒”！

为此，真诚地说一声：80后多一点思考，就可以快点立起来，中国改革开放后三十年是你们的，你们注定了是中国改革开放的一代，或许这就是历史的宿命！

此外，特别希望80后的妈妈们，能够多学习成功生养教，不要把宝贝当宠物养，更不要宁养宠物，不养孩子。希望在你们的怀抱中，培养出更多冠军宝贝——中国新世纪大国民、国际化公民。如此，中国幸甚！世界幸甚！因为，成功生养教的关键角色是妈妈，不是爷爷奶奶，不是外公外婆，应该让爷爷奶奶、外公外婆更多享享清福和天伦之乐。当然，80后爸爸也是不可或缺的角色。

相信80后在中国后改革开放时代，会更好更快地成长成熟起来！

再说一声：我喜欢80后，真的不是刻意讨好！有机会，很乐意同你们携手，让生命加油添彩，为历史发展多作贡献！

2010年1月8日于贝因美北京全球概念店

第三篇 说学道

1　成功人生，从小起步；科学养教，奠定基础

应了劳碌命的说法，还是忙！

上周终于去了阜阳，一个婴童业者永远不该忘却的地方！正是3年前的阜阳大头娃娃——劣质奶粉事件，敲响了婴童产品安全的警钟，引发了今天中国婴童业的格局演变。这是个悲剧，但有道德的婴童企业应该感谢并永远记取这个教训，它使中国婴童业避免了李逵打不过李鬼的可能结局，更拯救了千万中国留守儿童可能遭受的不可挽回的命运！

这就是贝因美为什么要设立母婴关爱基金，专门帮助留守女童的全部原由。

有关心者问，为什么2500万留守儿童70%是女童，我想大概是与中国农村重男轻女思想有关。阜阳地区有1000多万人，是中国非常典型的农村地区，富余劳动力多，农村年轻夫妇外出打工是非常普遍的生存生活方式，生下男孩，带在身边较多，女孩则更多留给父母老人养带为多。爷爷奶奶们自然不敢懈怠，但受困于经济条件和科学育养知识的缺失，不知道什么样的奶粉和婴童食品是好的。我想这也是导致悲剧发生的重要原因。

可是，这些女童又将是未来的妈妈，而妈妈们对孩子的健康成长影响又是最关键的，这是母婴关爱基金为什么要专门针对留守女童提供帮助的原因——把爱优先送给最需要的群体吧！

相比之下，正如我家阿姨所言：安妮宝贝太幸运了！才15个月多1周的安妮宝贝，已经会独立行走两个多月了，身高达87厘米，体重26斤，基本是正常两周岁的生长发育指标，近两星期更是迷上

“天线宝宝”，不得了，典型的认知旺盛表现！

祝福安妮！祝福留守女童!!

附

诗 一 首

穿过迷雾到阜阳，
大头娃娃探真相。
留守宝贝是真相，
将心比心责任心，
天理良心是真经。

2007 年 11 月 24 日

2 母亲节有感

我的博客停了好久了，收到很多朋友的批评，知道大家多有期待……也不是我不想“博”，其实很想“博”，可惜当下的生存状态是正在奋力拼搏中，尤如三级火箭正把卫星送入同步轨道，不容丝毫闪失。而我理解的博客，当是闲情逸致的现代表现，其核心价值当在博主的思想光芒，其本质犹如公开的日记。日记本来是很私人的，与公开性是冲突的，我到现在还没有找到冲突平衡，即真正的感觉，而我的行为动力模型又是相当内驱的，这就是我的博客困惑，抑或困境！

但是，又到母亲节，一个非常悚人的节日，可能是行业敏感，许多朋友发短信，让我能否借母亲节，谈谈当下中国的亲子关系问题——这是育婴专家的本分，我没有理由拒绝，就顺势而为吧，借博客形式，谈一下这个话题。

人类发展到今天，母亲的角色一直被广为传颂！我不想在歌颂册中增添一篇老套的华文彩章，只想谈点自身真切的感受！感谢母亲43年前把我生下来，和我爸爸一起努力，谨遵“养不好，母之责；养不教，父之过”的祖训，把我培养成今天这个样子，算是有所出息。让我还能经常感叹：生逢其时，只想证明一下自己！……这句平常说的理直气壮的话语，今天突然觉得很刺耳，很不是味！

再看看这个母亲节，算是国际性节日，又有多少人重视？本来就不是很热闹，竟还有人批评母亲节也商业化了！难道圣诞节、春节还有其他的节不商业化？难道商业化就亵渎了母亲节？我认为符合价值规律的商业正是推动人类社会进步的重要杠杆，商人社会必定是和谐社会！关键是要秉持商道商德。如果母亲节所有人都为母亲送上一份礼物，并时时感怀母亲，让母亲知道你的感怀多好！

由此，想到当下中国的亲子关系，心情凝重！没有办法完全统计，有多少宝贝是亲爹亲娘自己带的，很多人以为孩子生下来就行了，有钱就请保姆带，没钱交给爷爷奶奶或外公外婆，真潇洒！可结果是未来一大堆的亲子问题、家庭教育问题，进而演变成社会问题……不敢推演下去！

再来看看当下盛行的生日文化！我们的生日本来是母亲的受难日，母亲忍受多大痛苦以及生命风险把我们生下来，我们首先应该纪念和感激母亲，但我们的生日文化却是一味庆祝自己的降生，妈妈被晾在一边，最多去了也是配角！这是多么严重的文化价值扭曲！今天借母亲节之际，斗胆呼吁要改变。这种生日文化不仅抹杀母亲的存在价值，毒杀感恩的心灵，更培植以我为中心的自我文化，而由自我极易滑向自私，由此，如何构建和谐社会？

或许我言重了，杞人忧天！但以我当下的角色身份，不得不说！

愿我母亲和全世界的母亲一样，节日快乐！愿我们所有人不只是在母亲节感怀母亲，回味母爱！

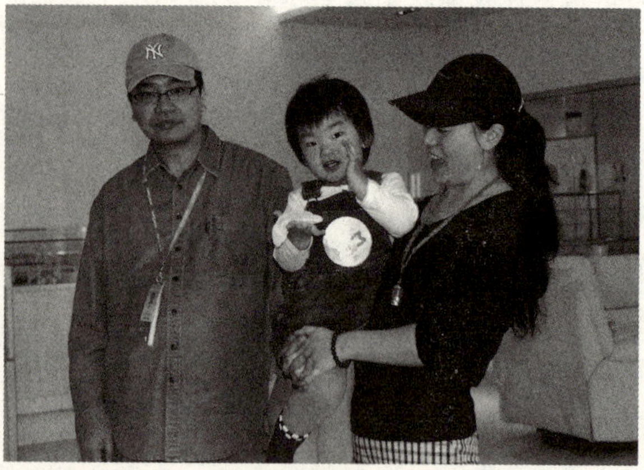

全家福

让我们都以平常心，坚持感恩的心、谦卑的心，保持上进的心，共同努力把母亲节炒热！

2008 年 5 年 11 日

3 网友互动

［匿名］　新浪网友在《母亲节有感》发表（2008年5月11日16:58:57）：看看现在90后和80后的骂战，我们70后感觉悲哀。看着襁褓里的孩子，我们不知所措，谢大人，你自己号称是育婴专家，你是怎么看待的呢？

非常理解这位网友的心情！

本人和贝因美倡导并实施育婴工程，就是希望包括70后在内的年轻父母都能成为育婴专家，接受科学的亲职教育——每个年轻夫妇都有权利做父母，但不等于有资格做父母，为人父母是世界上最奥妙的学问！贝因美成功生养教就是贝因美原创的一套亲职教育体系，旨在帮助中国年轻一代父母如何做称职的父母，帮助我们新世纪的小公民“国民素养，从小培养”，“成功人生，从小起步”。

本人不仅是号称的育婴专家，更是身体力行的育婴专家！

至于90后和80后的骂战，我认为是代沟的反映，也是他们大多作为独生子女，个性比较自我，缺少换位思考的表现，是成长过程的烦恼，没什么大不了的！

2008年5月17日

4 刻骨铭心的2008年六一节

有朋友开玩笑说：七是你的幸运数字，六一加起来正好是七，你此生注定要与儿童事业有关，做婴童业乃是天意！

的确，从懂事开始，几乎所有儿童节我都特别有感受。自从创办贝因美，更是视六一节为最大的节点，总是全力以赴、劳心劳力、不由自主地要去表现一下，表达一下！

今年六一节很早就构想了，想出乎意料地好好表现一下，因为贝因美终于完成了一个创举——北京婴童生活馆，全球原创的业态模式，称为全球概念店。专业上我终于有了真正可以随心所欲验证表现“成功生养教”理念的平台，我的学术情结，专业理想，由此也可以很好地得以发挥展现……

尽管代价和投入巨大，但迄今为止，几乎所有来馆参观的各方面朋友都赞叹有加，甚至震撼。或许是朋友们有说客套话的成分，但我依然感到鼓舞，至少，我再一次证明了自己，贝因美也再次表明对育婴专家的称号当仁不让！

没想到发生5·12大地震，今年原本的六一节设想受到了最强烈的冲击，带给我一个有生以来最刻骨铭心的六一节！

从5月13日贝因美以最快速度捐出第一批爱心捐赠起，我们一直密切关注灾情的发展，本人更加关注到全国八方人士，法人、自然人井喷式的赈灾公益行动，在媒体不遗余力的渲染下，给人更加强烈的冲击！被许多国内外学者批评的国人丢失的传统美德似乎一下子全部找回来了……真的是在灾难痛苦打击后很好的宽慰！相信这是所有人文关怀者相同的感受！

一直以来，很多人文学者对中国改革开放的最大批评就是改革开放导致唯利是图，急功近利，把国人最美好的助人为乐的传统美德几乎全弄丢啦！这次地震灾难证明事实并非如此！当然，也有学者朋友认为，事实背后没有看起来那么简单，我同意这种观点，这有相当的社会道德补偿心理成分。至于舆论责难的有些机构和个人的捐赠太少，没有良心，或者缺乏社会责任，或者沽名钓誉之类的批评，我以为大可以……处置，但让我感受强烈的是好事善事也并非那么好做！要把自己的事业发展做得更好，才能更好更有力量去帮助别人，去做公益！

因此，我们决定启动实施灾区婴童扶养计划，我想这是贝因美和我本人最应该做也能够做的！

贝因美四川地震婴童扶养计划启动

感谢中国儿童少年基金会的大力支持！

感谢刘仪伟及众多媒体和演艺界朋友的支持！

更感谢全国贝因美同仁的理解支持！

希望功德圆满，不要好心变坏事！

因为，最近发现，99%的坏事是因为好心干的！此为行善做好事的惶恐！！

在上午的启动仪式上，我留下了如下心愿，和大家共勉并求证：

为死难者哀悼，

为活着的庆幸，

活着的好好活！

活出精彩，活出价值！

为儿童，为未来，我们一起努力！

愿中国的小朋友和全世界小朋友一样，健康快乐成长，天天都是六一节！

2008 年 6 月 1 日

5 理性父爱给孩子无缺憾的童年

父亲节在中国还比较淡。但相信父亲作为重要的家庭社会角色的分量仍然是很重的，毕竟我们仍处于父系社会。

这一个节让我首先感怀自己的父亲——转眼间已离开6年多了，真所谓“逝者如斯夫”。感怀父亲，首先给了我生命，身为教师的父亲身体力行，从小早教，给了我特有的人格和坚强的意志品质，养成我从小好学的良好习惯，从而才可能有我今日的成就……

感怀父亲，在离开的时候，还让我感受“金钱不是万能的”的古老人生哲理。(注：从父亲患病开始，一直找最好的医生，用最好的药，愿花能花公费医疗不能花的一切费用，但还是无力回天，无法延长和挽回父亲的生命。)

现在当自己也成了父亲（我的安妮宝贝今天正好22个月），对父亲的角色也有了更多感同身受！同时，也有了条件和资格对传统父爱进行反思……

“养不好，母之责；养不教，父之过”，这是我国传统文化对父母职责的界定！父爱是深沉的，代表威权，因此，父亲的角色扮演变得生硬困难！父亲的角色其实是传统儒家文化——天地君亲师家天下的关键角色，这确实也是父系社会的真谛所在！

在今天这样的社会背景下，我以为父爱应转向理性，父母是孩子的第一任老师，健康良性的亲子关系应当是良师益友式的。父爱不必深沉，但必须理性，知道该怎么做才能取得孩子的信任，并在信任的基础上树立必要的权威！因此，懂得亲子有效沟通至关重要，从小宝宝开始，就要言传身教！

和安妮一块玩耍

我家的阿姨跟人说，安妮爸爸很有意思，每次见到安妮总是说："宝贝好吗？安妮宝贝，爸爸最爱！"还要"大头碰小头"！看到安妮任何一点好的表现，就说"安妮好棒"；看到安妮有不良的行为表现，就说"安妮干什么？爸爸不喜欢你的××"。

经常有朋友向我诉说，可怜天下父母心，自己在孩子身上花了多少心血，然而，孩子似乎不太领情！更有很多80后的年轻父母，干脆做甩手掌柜，又说孩子跟自己不亲，没有做父母的乐趣。但愿我的做法能提供一些启发。

把安妮宝贝弄到北京已经快两个月了，这段时间我们是聚少离多，但安妮宝贝对爸爸的记忆非常清晰，昨天当我来北京在她面前出现之前，妈妈问她想不想爸爸，爸爸在哪里，我亲耳听到她说爸爸在杭州。当我出现在面前时，她先愣了一下，马上反应过来，扑过来要我抱。昨天晚上更是等着我们回来才睡觉（已超过平常睡觉时间一个小时左右，通常她的生物钟是很准时固定的）。

真的要想清楚！人生为什么？我是谁？想要什么？凭什么要？

每个成人都有做父母的权利，但权利不等于资格！为人父母真的是世界上最奥妙最复杂的学问，是人生的必修课！

从社会学角度，和谐社会有赖于和谐社会细胞——家庭的和睦，而健康和谐的亲子关系就是家庭和谐的核心！说白了，如果家庭细胞不健康出问题，社会不可能好！

但我深感不安的是，据了解当下中国很多家庭，父亲的角色职能正在模糊，弱化甚至异化，这将导致严重的社会家庭问题，比如中性化以及同性恋问题……

愿天下父母有更多共识，千万不要把宝贝当宠物养！自己的孩子尽可能自己带！没有付出难有收获！

最后和大家分享一点成功生养教的小细节：在每次回家和小宝贝亲密之前，要洗手洗脸，最好把外套也换掉，也算是安全卫生的小常识！

愿所有的父亲都能以理性的父爱收获天伦之乐和孝心回报，愿所有的子女都能体会不可或缺的父爱精髓，谱写精彩的人生乐章，忠孝仁爱，价值实现！

2008年6月15日于北京生活馆

6 鸡蛋仍是最安全的天然营养食品

前几天碰到几个新加坡的朋友，不免谈起前段时间闹得沸沸扬扬的三聚氰胺事件。友人住在上海的五星级酒店里，早餐却不敢再吃鸡蛋牛奶，风声鹤唳，草木皆兵。我以为有反应过度之嫌，忍不住要从营养学甚至动物生理学的角度来为鸡蛋正名——尽管处于食品安全事件的风口浪尖上，鸡蛋仍是最安全的天然营养食品。

鸡蛋的形成要在母鸡体内停留 24 小时左右，带着巨大卵黄的卵细胞外层层包裹母体分泌的蛋白，再形成包裹在蛋白之外的纤维质膜（即蛋壳），完整的鸡蛋就成形了。整个过程是生物体的自然生理反应，无需施加外力干涉。鸡蛋在形成过程中虽然可能受到细菌污染，但食用前的制备均为高温加工的过程，可以将热敏的细菌充分杀灭，保证鸡蛋的食用安全性。

相比之下，作为从特殊生产系统的农田产出的农产品就需要农药、化肥、除草剂等外力维持，形成农产品过程中容易受到外源性污染的环节相对更多，且后续加工环节无法保证去除危害因素（如农药多是微溶于水的剂型，在清洗过程中很难保证完全去除，且自然降解周期较长）——亦即食品安全的关键控制点更多。因此要保障其食用安全性，就需要“从田间到餐桌”的全面管理。总之，食品安全任重而道远！

2008 年 11 月 21 日

7 应该将产假延长到18个月

——也谈我的亲子早教观点

今天是三·八节，婴童行业协会在杭州新侨饭店举办亲子论坛，以示纪念。也作为杭州打造婴童之都的一个活动，很有意义。我做了主题发言，大家认为蛮有意思，建议我写成博客，与网友们分享，现整理成文，权当“立此存照”。

在杭州举办的亲子论坛上发言

亲子就是父母亲和孩子，亲子关系属性是亲子文化的本质内涵，亲子文化的功能就是规范亲子关系，保障家庭和睦，从而支撑社会和谐和人类社会文明的传承发展。因此，亲子文化就成为人类繁衍生息、文明传承的脉络主线，成为人类各种文化的种子文化。

“三岁看大，七岁看老”。从人类个体生命成长发育规律来看，0～6岁是人生的奠基阶段，这一阶段十分重要，作为亲子关系的母子关系发挥着决定性的作用，也就是说妈妈是“成功人生，从小起步”的关键角色。因而说，一个国家、民族女性的素养直接关系到整个国家、民族的素质，决定着未来。这也是贝因美搞“亲母工程”，以及重点资助贫困师范女大学生的原因。

在“成功人才，从小起步”的关键期，0～3岁又是大脑发育、智力发展，特别是人格发生的关键期，妈妈的角色更加重要。尤其是0～18个月，开始建立自我意识，从而成为早期人格发生的重要时期，也是严重亲子依赖时期，妈妈的角色更是不可替代的，最好是全职。所以，我主张应该将产假延长到产后18个月，当然如果社会经济条件许可，越长越好。欧美日等发达国家很多妈妈通常都会到孩子上幼儿园或小学再去工作，是很有道理的。因为妈妈是女性的天职，如果天职履行不好，怎么交代？调侃一下，是要遭天谴的！

有很多朋友问我对亲子早教的看法，也借此机会说一下。我认为，早教十分重要，越早越好，永远不迟！操作模式上应以父母及亲子家庭为主导，也就是说父母是孩子的第一任老师，家庭是人生的第一所学校。专家和早教机构应该是指导和辅导角色。早教的核心内容应该是养教结合，早期培养健全的人格特质，而不是人人都去学钢琴，郎朗只有一个。另外，很重要的就是培养良好的行为（生活）习惯，还有很必要的就是语言学习和认知发展。整个早教的着眼点和出发点应该是培养孩子个人竞争力，以更好适应未来的社会竞争发展。坚决反对过分商业化的操作，教育社会化是全球性的潮流。教育商业化（产业化）绝对是危害无穷的误区！家长千万要清醒，为人父母是天职，是人生的必修课，自己的孩子最好自己带自己教，否则，将是严重失职，必会后悔！

愿所有女性和妈妈们更好地履行天职！再祝节日快乐！

2009年3月8日

附：

重塑亲子文化，提高国民素养

——在《贝因美亲子文化蓝皮书》发布会上的讲话

各位来宾、朋友们：

大家上午好！欢迎你们再次来到北京贝因美婴童生活馆全球概

念店，一同参与《贝因美亲子文化蓝皮书》的发布会，我谨代表贝因美全体员工向你们表示新春的祝福！祝愿新的一年里您的宝宝都能健康、快乐！

孩子是我们的希望，孩子的希望又负载在我们身上。今天这么多VIP会员和媒体朋友们一同来到这里，充分显示了社会和家长们对于亲子文化的重视，也让我深刻感受到贝因美所承担的中国育婴事业发展的责任之重！

今天是情人节，在这个充满浓浓爱意的日子里，我们要献给大家一份特别的“爱”的礼物，就是今天发布会的宝贝——《亲子文化蓝皮书》。这是贝因美针对中国亲子文化现状正式立项，并运用所掌握的相关专业知识，结合全球资讯，调查研究了千百万的中国亲子家庭，而得出的研究成果和观点。在里面我们从“爱”的角度，全面诠释了贝因美所倡导的亲子新文化。

在我们看来，亲子文化是人类文化中最温馨、最珍贵、最有诗意、最能慰藉人心也是最重要的部分。它预示和建设着世界的未来，直接关系着人类美好的今天和明天。我们通过长期的探索、积累和沉淀，结合中国宝宝、中国家庭和中国社会的特点，深刻而强烈地意识到，传统的“孝”已难以承载当今丰富、复杂的亲子关系的深刻意蕴，而“爱”却能包容亲子文化中的一切。因此，贝因美提倡21世纪中华民族的亲子文化要从“孝”道转化为“爱”道，亲子新文化的核心价值是施与爱，接受爱，回馈爱，传递爱。真爱就是关心、关切、关怀。小爱积大爱，大爱无疆，真爱无敌！

今天我将这本书推荐给大家，目的就是为新时期的亲子教育抛砖引玉，借以发现更多科学有效的教育方式，希望这本书的面世，真正能够给普天下的父母们一些感悟、启发和帮助。

谢谢大家！

谢　宏

8 别样的母亲节

又一个母亲节，原本安排两岸四地中华亲子文化论坛活动，后因故改到5月16日。中国红十字基金会真情基金知道情况后，特别建议我以名誉理事长的身份去探望一户特殊的家庭，一位令人尊敬的母亲。我听完介绍后欣然接受，今天上午特地去了，感受深刻，特与朋友们分享，尤希望与广大特殊（有残疾子女）家庭共享。

与卢尔慧一家在一起

母亲叫卢尔慧，酷爱音乐，渴望拥有一个帕瓦罗蒂式的儿子。造化弄人，34岁高龄的孕妈妈在经历难产的痛苦后，却发现出世的儿子是先天的脑瘫！晴天霹雳将母亲的一切美好愿望劈得粉碎……

27年过去了，儿子冯聪已经大学毕业，拉得一手好提琴，弹得一手好钢琴，特别是擅长数学和英语。这听起来简直不可思议，让人感觉丝毫没有脑瘫儿的悲惨结局！

这个结局，完全得益于母亲卢尔慧27年来对冯聪超乎想象的培养和坚持。歧视、贫穷、误解、冷落、悲伤等字眼一直伴随着妈妈卢尔慧，却怎么也打不消妈妈的一个信念：儿子是残疾但不是残废，如果能很好地挖掘某方面的潜能，甚至会比正常人更好！

但多年的劳苦心酸，让妈妈卢尔慧患上了肾衰竭，而冯爸爸已是一位年过七旬的老人。现在61岁的冯妈妈最担忧的是自己和老伴哪天撑不住了，冯聪能否自食其力？但冯妈妈非常要强，不希望人家基于可怜同情而施舍给她钱物。基金会想得非常好，准备在6月7日为冯聪举办专场音乐会，或许一场音乐会就把所有问题都解决了，如果冯聪一举成名，荣誉是他自己赢得的，不是他人的施舍！

冯聪演奏小提琴

这个真实的故事太感人了。更重要的是体现了残疾人要有坚定的信念以及特殊人群成功生养教的价值。残疾人要自强不息，身残心不残，作为生养他们的父母，更要积极努力，残疾不是残废，千万不要自废“武功”！

从生命科学和脑科学的角度，身体残疾只是某方面的机能障碍，脑瘫儿也是某部位机能缺失。任何生命体都有代偿机能，某部位的机能缺失，会引发另外部位机能的加强，做父母的和我们只要用心去发掘另外强化的机能，科学训练，不断强化，他们甚至就可以超过平常人，成为真正的专门人才。

冯妈妈为天下母亲做了一个很好的榜样，为残疾儿童成功生养教提供了一个很好的案例！

由衷地向冯妈妈致敬！希望6月7日有更多朋友捧场！冯聪加油争气！

顺致谢妈妈、安妮妈及天下所有的妈妈，母亲节快乐！

2009年5月10日于北京生活馆

9　大目标应该是中华伟大复兴

——首届亲子文化论坛感触

筹备许久的首届两岸四地亲子文化论坛于5月16日终于在贝因美亲子文化博物馆，即贝因美北京全球概念店成功举办。论坛受到众多媒体和家长，特别是妈妈们的关注。新浪亲子中心更是全程直播，吸引很多网友在线参与。四地大师级人物在论坛上纷纷发表了各自对亲子文化的看法，并对本人和贝因美二十多年的亲子文化研究工作表示肯定，令我颇感欣慰。论坛时间偏短，大家意犹未尽，希望论坛能持续举办，也算是另一种方式的肯定和成功标志。

与两岸四地的专家合影

自从今年2月14日情人节贝因美发表《亲子文化蓝皮书》以来，一直受到高度关注，许多朋友问我为什么要去做这件事。这次论坛举办，有更多朋友好奇，我也有很多感触，未有时间和机会表达。现一并整理成文，算是回应吧。

首先回答一下什么是亲子文化，以及亲子文化的功能是什么。先讲亲子，就是父母亲和孩子。目前人类还是有性自然繁衍生存状态，因此，我们都是父母的孩子，也都应该是孩子的父母。那么，所谓亲子文化就是关于父母亲和孩子——亲子关系如何相处的文化。而文化我们理解就是人化，学文化人类学的有一个通俗说法：文化是个大箩筐，什么东西都可以往里装。意思是有人的地方就有文化，凡人的东西都是文化。只不过文化有高低好坏之分，当然也有先进落后之分。因此，我们人人都有资格谈论亲子文化，也无不在亲子文化浸润中成长；因此，亲子文化也是我们所有人出生后接触的“第一文化”、“种子文化”。所谓，父母是人生的第一任老师，家庭是人生的第一所学校是也。亲子文化的功能就是规范亲子关系，保障家庭和睦，从而支撑社会和谐，确保人类社会文化的传承与发展。

因此，当下的丁克家庭现象、同性恋现象以及宁可养宠物也不养孩子现象都是亲子文化的异化现象。还有其他迷失及不适应状况，已经成为当下中国非常严重的深层次问题。所以，我们提出要重塑亲子文化！如果说中华传统亲子文化的核心元素和价值取向是“孝道”，那么我们认为重塑的亲子文化应该以“爱”为核心价值元素，也就是向“爱”道转变。但我们并不反对“孝”，只是认为孝已不足于承载当下时代背景下的亲子文化核心功能。而亲子文化出问题，家庭就会出问题，家庭有问题，就会影响到社会，从而波及整个国家民族层面。

没有家，哪有国？没有国，哪存家？因此，强烈呼吁关注亲子文化异化、迷失、冲突现象，重视亲子文化的重塑，全民关注并将之上升到国家层面。

生命因爱而生，世界因爱而美。为什么我们主张以爱作为亲子文化的核心元素？因为爱是发自内心，自觉自愿的关心、关切、关怀。是人类共通的最基本的人文元素和本能。假如没有爱，世界将是不可想象的和恐怖的。人类所有道德、信仰、文化都是以爱为动力铸就的，养成的。而亲子教育就是重塑亲子文化的主要途径，本身也是亲子之爱——亲子文化的主要体现和传承方式。

因此，重塑亲子文化的大目标就是中华伟大复兴，切入点应该是亲子教育。否则，我们将永远走不出有知识没文化的困境，走不出教育的误区，陷入没有大目标的迷局，跌落无法实现大目标的困局。

小爱至亲，亲情无价，积小成大，有爱乃善，有容乃大，大爱无疆，真爱无敌，因爱而美！

我认为“真”、“善”、“爱”应成为当下国人的新人文精神，并从亲子文化入手重塑之！把爱传下去，让爱代代相传……应该成为全体国人的理想、责任、使命！

今天是5·20，容我喊一声：祖国母亲，我爱你！

又及：小平同志曾说“中国改革开放最大的失误是教育”，本人完全赞成并认为教育最大的误区就在亲子家庭，也就是亲子文化教育的误区！

2009年5月20日

10 学好×××，不如有个好爸爸？

——也谈父爱主义

又是父亲节，机缘巧合，走进亚洲最大社区天通苑，与社区的新爸妈们互动，分享贝因美亲子文化和成功生养教的要领，很高兴，颇有感触，故整理成本文，与更多朋友和新手父母分享。

天通苑成功生养教讲座现场

在传统的父权社会，子承父业，甚至世袭。老爸的社会地位直接决定子女的成就地位。即便如此，也不是有个好爸爸，就不用学习×××。实际上，哪怕是皇太子，更要接受严格的定向学习培养，绝不是有个好爸爸，就不用学习×××……

今天现实中，确实存在相当程度的“学好×××，不如有个好爸爸”现象。但现实的不一定是合理的，更不等于永久的。今天在学业阶段以及准备接班的富二代们等，千万要想明白了。我以为，如果有个好爸爸，再加上自己的努力学习进步，真才实干，那么，就可能青出于蓝而胜于蓝，岂不更好?!

养不教，父之过，父爱深沉隽永！爸爸当然要努力，自身事业上成功应该是孩子的最好榜样，但必要的言传身教也是不可少的，更不必被严父慈母式的模式约束，父亲也可以开放大胆表达自己的父爱，健康阳光的父爱是人生最好的动力。为人父母之于子女的教育责任，我认为主要体现在三个方面，一是从小做起，培养正面积极的上进心；二是从小培养良好的习惯，包括生活习惯、文明礼貌、学习习惯等好习惯；三是发现孩子的潜能，引导好奇，培养兴趣，乃至志趣。尤其是爸爸，更多应该担当孩子人生导师的角色。在此，特别提醒爸爸们，如果你对当下学校教育不满或不认可，尤其是发现社会教育严重缺位扭曲的情况下，你更要担当导师的责任，来弥补甚至纠正教育机构社会教育的偏差。

有钱的爸爸千万不要只顾赚钱！有空想想为什么赚钱，要不要子承父业，代代相传？金钱或许可以买到别的一切，但恰恰可能买不到你最想要的孩子的未来！未来还有遗产税等着。

有权的爸爸也不要以为权力好使，可以换来许多东东，我们早已取消了世袭制度，权力最不能保证的就是你孩子的未来！

成功人生，从小起步！从小做起，做大国民！孩子的每一步的成长都需要父母的悉心呵护！我们中国父母应该学做聪明的父母，尤其可以向犹太人学习，他们以0.3%的人类人口比例，获得16%的诺贝尔奖，在全球化时代，照样各个领域人才荟萃，表现精彩，是全球范围成功生养教做得最好的！

为人父母是世界上最奥妙的学问！虽然还没有专门的父母学校，但我们可以互相学习！留心处处皆学问，爸爸们不要只顾着赚钱，更不要只顾着钩心斗角！多一点时间和关爱给孩子吧！至于为人父母之道，说千条道万条，最重要的是把握一条：给孩子无条件的爱，千万不要无原则的宠！特别小心不讲原则的父爱主义！审慎用钱去买孩子的分数和爱……

2009年6月22日

11 三岁看大，真的吗？

——记安妮宝贝3周岁生日会兼谈早教误区

2009年8月15日，贝因美全球概念店——北京生活馆，工作人员为安妮宝贝举办生日派对，在我们的指导下，工作人员精心策划了一整天的活动，企望验证早教界流行的说法：三岁看大，七岁看老，更想见证贝因美成功生养教成效。因为安妮宝贝是完全的贝因美宝宝，应该是很好的案例分享。参加当日派对的生活馆会员家庭和朋友们都觉得活动精彩，建议我写成博客，与大家分享，故补记成博客。

半个多月前，安妮宝贝知道了自己3周岁生日要到啦，要给她举办庆生会，就开始兴奋（积极的自我暗示），观察她的言行举止，果然有很大进步……这就是节点成长。

根据贝因美成功生养教理念和实践模型设计的方案，从六个方面，用活动和游戏等验证安妮宝贝的成长。首先，就是用讲故事来展示安妮宝贝的意识形态，检验意识发生和语言发展的水平，安妮宝贝表现了良好的语言逻辑。其次，通过冠军宝贝训练营的节目表现动作行为发展和协调能力。第三，通过角色扮演，表现礼貌和人际交往能力的发展。第四，通过精心设计的过家家游戏，展示独立生活的能力及良好的自我保护意识，体现自我生存意识和能力。第五，通过精细化自主动作的演绎，如扣扣子、涂鸦、变魔术来展现认知发展水平及想象力。最后就是通过Party仪式：安妮宝贝切分生日蛋糕，互赠礼物及纪念品等表现感恩行为和体现分享意识，让宝宝感受生日感恩文化，让妈妈体会母爱成就，所有参加Party的亲子家庭都感同身受……

安妮宝贝生日会现场

安妮宝贝属于智性宝宝，表现非常好，意识和行为配合表现都很到位，体现出了“成功人生，从小起步”的意境，受到了所有宾客和亲子会员家庭的好评，说明我们的模式是成功的。

安妮宝贝 18 个月就到北京生活馆，我们没有送她去早教机构。因为，我们认为现在很多早教机构和家长掉进了早教误区。的确，“三岁看大，七岁看老”，“成长不能再来一次”，“成功人生，从小起步”，“科学早教，越早越好，永远不迟”，但早教的本质和内涵是什么，具体怎么操作为好，一直存有争议，可谓派系林立，尚未有公认的科学模式。个人认为，早教的重要性毋庸置疑，正确的早教模式，应该以父母为主导操作，是个性化而不应是模式化的，专家和机构只能扮演指导或辅导的角色，政府应该大力鼓励倡导。早教的重点应该放在认知发展和早期人格培养上。因为性格决定命运，越是从小养成的人格特质——性格越根深蒂固，对人一生的影响越深刻。我想，“三岁看大，七岁看老”正是从这个意义上讲的。而现在流行的早教机构，大多提供模式化的“天才挖掘”式的技能早教，而不注重基础综合素质的培养，更不是个性化的，这首先是关注点和重点偏离，违反了宝宝成长发展规律。如果说要培养挖掘潜能，也不是人人都去学钢琴，在此特别提醒家长，郎朗只有一个，特别是艺术类的早教，更要关注宝宝的天赋潜能如何。要注意 0 ~3 岁宝宝处于认知旺盛期，会对什么东西都好奇，不要把好奇简单当做兴趣，只有持续自发的好奇才是兴趣，而兴趣的背后才可能是真正的天赋潜能，而真正的技能早教是把这种天赋潜能适时挖掘开发出来。本人不反对天赋潜能早期开发，这可以为宝宝未来提供超常的一技之长。但一个人的成功，更多地在于综合素质的高低。所以，早期人格培养更重要。因为，一个人的成功，有人说85%的因素，取决于人格的力量。对于3岁以后的宝宝，家长要开始注重培养荣誉感和上进心了，还有良好的各种行为习惯。有了强烈的上进心和良好的行为习惯，你就轻松了，你的宝贝不成功都不行！

最后，和朋友们分享一下成功生养教格言：

优秀的遗传，成功的天赋
健康的身体，成功的前提
良好的习惯，成功的基础
高超的智能，成功的翅膀
坚强的意志，成功的保障
先进的观念，成功的关键
成功人生，从小起步
国民素养，从小培养

2009年8月20日

谢安妮3周岁

（安妮生长发育指标：身高105厘米，体重16.27公斤，迄今全部使用贝因美产品，仍然保持不住院打针吃药的纪录。）

12 从小做起，做大国民

凤凰网（www.ifeng.com）和贝因美共同发起的国民素养大讨论，相关话题引起了热议。大家希望我挺一下，我想义不容辞。因为不管我们是否乐意，我们都是中国人，都共享中国这个品牌，故都有创建维护中国这个品牌的义务。中国无疑是大国，所以我们自然都是大国民，我们的言行举止，一切的表现，都直接指向大国形象——中国的品牌力。我理解“从小做起，做大国民”，要讨论的是国人如何提升综合素养做大国民。我认为这包含两层意思，首先作为大公民——大人们，要从小事做起，从小处入手，比如不随口吐痰，不说脏话，“五讲四美”，以身作则，做一个大国民。另一层意思，应该是怎样让我们的小公民——小朋友们长大后成为风范大国民。大人们为此应该怎么做，小朋友们应该如何配合，即大人怎么教和带，也就是贝因美一贯倡导的“国民素养，从小培养”，“成功人生，从小起步”，国民素质早教的问题。

贝因美育婴专家组为此在上周专门围绕早教误区以及如何成功早教，进行了一次专题教研活动。大家一致期望我能进一步就早教话题发表见解。两方面理由合在一起，不得不写此篇博客，和大家分享。

首先，我想表达，全球化时代，国家民族不会消亡，反而由于国际交往的增强，在交往碰撞中，民族国家的意识和行为会强化，只不过政治文化上会更包容，战争冲突会减少，而利益博弈会更激烈，在现象上将表现为人类全面营销时代的到来，国家营销将大行其道，而国民素质将成为国家竞争力的核心基础，应该强化全民关

贝因美育婴专家组教研活动

注和重视，这也是贝因美和凤凰网发起支持大讨论的重要原由。

贝因美见习母婴顾问培训师研讨会现场

怎样才能更好地提高国民素养？我以为，除了首先应该引起全体国人的重视，还要搞清国民素质的内涵和外延，然后“从小做起，做大国民”。

如果大家认同国民素质的重要，目前我们的国民素质表现尚未适应全球化、现代化的趋势要求，那么，我们就有必要重点探讨一下国民素质的内涵和外延。根据二十年前的课题研究，以及多年来本人的理解，国民素质是一个国家公民一切行为意识的综合表现，大致可以划分为四大素养：道德素养、人文素养、组织素养和科学素养。基本上各国的基础教育，就是国民素质教育，着眼点就是为了提高国民素养以适应民族国家的发展，从根本上保障国民福祉和利益。

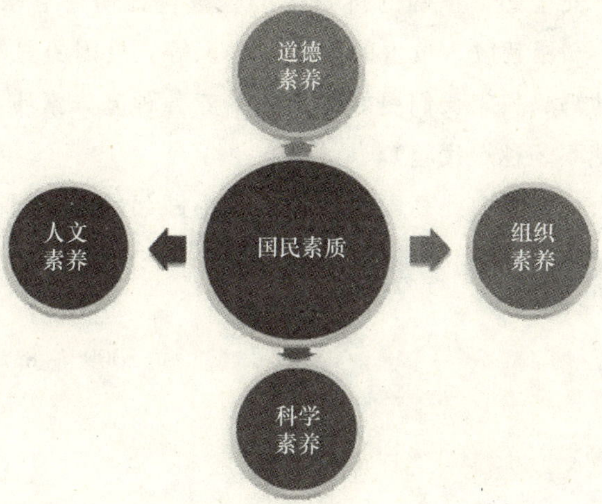

"国民素养，从小培养"，如何导入国民素质早教，可能是一个被忽视的大问题。常有家长问我早教的原则，我都会强调三点，第一点是安全，永远第一，但不应该因此限制宝宝认知行为的大胆探索，换言之，只要没有安全问题，家长老师都应该放手让孩子去发挥，去表现，去大胆行动！（中国之所以迄今未有本土人士获诺贝尔奖，我想可能就与此有关：我们的宝宝行为从小被过度限制，失去了大胆探索的创新精神！）第二点就是礼貌和道德。凡是不礼貌和不道德的行为，家长老师一定要第一时间批评教育，制止纠正。礼貌是宝宝道德的起点，绝不能含糊和忽视。得道成功，德行天下。道德是做人的根本。第三点当然就是健康。健康的完整含义包含身体（生理上）的健康和人格层面（心理上）的健康，也就是人文素养的现代意义。

因此，贝因美在成功生养教诉求上一贯强调健康的体格、健全的人格和高超的智能三个方面。而在早教的具体操作上，建议家长关注四点：一是从小重视礼仪，即礼貌早教。二是从亲子有效沟通入手，培养讲道理的个性。某种意义上就是服从真理之科学素养的早教。三是要重视遵守规则，从小懂规矩。某种意义上说就是法治精神的早教，也是组织素养的早教（一个有组织无纪律的民族是不可能强大的）。四是导入正确的自我保护意识，不要过分强调不信任感，渲染不安全感。正确的自我保护应该包括懂得寻求协作帮助，实事求是，知错就改，负责的行为和意识等。贝因美冠军宝贝训练营旨在帮助妈妈和家长们更好地训练培养各种基本素质，开发各种潜能（但绝不是越俎代庖）。

愿国人一起努力提高国民素养，从小做起，做大国民，更好地共同打响中国品牌！

2009 年 8 月 31 日

13 为什么中国大陆迄今未有获诺贝尔奖者？

——高锟新获诺贝尔奖有感

尽管诺贝尔奖并非毫无争议，但迄今仍然是无可替代的全球科学成就的最高奖励，是世界各国科学家人人向往的荣耀……

不日前，欣闻年度诺贝尔奖揭晓，曾任香港大学校长的光纤之父高锟成为物理学主要获奖人。我为华人诺贝尔奖名单再添一名重量级人物感到高兴，这再次证明了华人的智慧，以及作为优秀华人科学家在基因人种上的毫不逊色！但高兴之余，不由得感叹：为什么作为华人主体构成的中国大陆十三亿人迄今未有获诺贝尔奖者？抛开可能存在的意识形态偏见不谈，人种偏见当不存在了，我们在科技方面的投入也不可谓不大，那么为什么迄今未有本土科学家问鼎诺贝尔奖呢？这至少说明本土中国人在基础研究领域之重要科学发现及重大科技发明创造方面还落后，当然这与我们定义的发展中国家地位还是对应的。但如果我们要赶超，真正实现中华伟大复兴，没有科学成就的惊人突破和赶超领先，也是不可思议的。

本人以为，中国本土科学家之所以迄今未有诺贝尔奖获得者，至少有以下几点值得国人关注思考：

第一，我们还缺乏世界级的科学家、科学精英。背后的深层次原因是什么？

第二，我们当下的科技体制肯定存在某种缺陷。我们的科学氛围也存在相当的偏差。国民整体科学素养不高，“赛先生”虽从五四开始请进，但真正的科学精神——彻底尊崇真理，还没有很好地变成我们的科学文化基因！这可以从我们的科学家越来越不是年轻人崇拜的偶像及人生理想追求得到反证。

第三，科技的背后是教育，我们的教育体制仍然是应试教育和模式化教育为主导，素质教育没有真正落实，更谈不上创造力教育。我们的老师更多关注升学率，本身对创造性人才及科学创造的文化缺乏认知，很难接受容忍诸如高锟这样从小要自制炸弹的“坏孩子”，更不要说鼓励引导啦！创造就是无中生有，创新就是要大胆试错，鼓励探索！

第四，我们的家长往往也不喜欢异想天开的孩子，不知道科学早教，不喜欢孩子的“十万个为什么”，更不自觉地会限制孩子的认知行为，不知道应该在没有安全隐患的前提下大胆鼓励宝宝的一切“幼稚可笑”的探索行为、创造意识及行为表现！不知道科学创造和发明的特质是要从小培养的，这种特质才是造成杰出科学成就的根本原因。因为我们家长的缺乏意识，天才往往从小就不经意被扼杀了！

非常期待，本土中国人能早日问鼎诺贝尔奖！这也应当是中国崛起的重要表征之一！

2009 年 10 月 9 日

14　天赐营养 VS 伟大发明

——母乳研究最新进展发布有感

11 月 14 日，上海儿研所会同贝因美按惯例在上海为贝因美母乳研究中心发布中国母乳研究最新进展报告，有些感触，认为蛮有意思，故整理成博客，与朋友们分享！

母乳研究早已揭示，母乳是天然营养宝库，尤其是人的母乳，更是上天赐给人类的宝物，也是人类的自然生命现象。迄今发现有 2000 多种营养成分，非常奇妙均衡地存在一起，有些我们甚至到现在还没弄明白其生理作用（相信“存在的总是合理的”）！所幸大部分成分我们已经研究清楚。我们也已经充分发现了中国妈妈母乳成分与欧美人种的差异，以及不同哺乳阶段的妈妈，母乳成分不同，还有不同区域，不同妈妈，不同饮食结构可能对母乳成分的差别和影响。我们更发现了母乳不仅为 6 个月内宝宝提供最充分有效的营养，还充分认识到母乳喂养作为人类及哺乳动物的生命现象，是建立亲子依赖关系，促进婴儿早期人格发生的重要亲密行为！这一切构成世界卫生组织（WHO）制订“母乳代用品守则”，倡导母乳喂养的全部理由，我们坚决拥护！

遗憾的是，每个宝宝都要长大，妈妈也要休养生息，工作谋生，不能一直为我们提供母乳，一般到 6 个月大，供应量就不能充分满足宝宝旺盛生命力的需要了。由此开始，我们就要添加人工食物。

于是，配方奶粉应运而生！同时很多科学的婴儿辅食被开发出来！作为代乳品的配方奶粉，我认为堪称人类的伟大发明，是特殊的仿生学成果。因为真正科学配方的配方奶粉应该是以人的母乳为

在母乳研究中心最新进展成果发布会上发言

黄金标准，无限逼近母乳成分，再经严格的临床验证开发出来的。国际上大多采用牛奶为基本原料，因为牛奶是牛的母乳，成分相对比较接近人乳，产量较高，比较经济。所谓科学的工艺配方，就是通过科学的加工处理，把不适合人体消化吸收的成分改变掉，把欠缺的营养成分添加进去。前提是我们必须把我们自己妈妈的母乳成分研究清楚，在母乳供应不足、限量供应的情况下，大规模生产供应科学配方的配方奶粉，不仅可以造福不能母乳喂养的宝宝，还可以供大人们饮用，应该比任何保健品都更有营养，更好！对中国人来说，先天生理特质决定不太适应喝牛奶，与其花很多钱去买昂贵的保健品，我以为不如喝配方奶粉。我已向很多朋友推荐，反馈效果很好，特别是贝因美奶粉又是依据中国母乳研究配方的，自然更适合国人消化吸收。顺便透露给朋友们一个小隐私，很多人说我尽管工作压力、工作强度那么大，但看上去要比实际年龄小很多，奥妙何在？其中一个重要原因就是我一直喝自己的贝因美奶粉，而且喝一阶段的（即初生婴儿配方奶粉）。同时，也是借以验证品质，这也可算是我由来已久的职业习惯！本人多年以来还有一特长，只要是食品，基本上一吃就能吃出大致配方及加工工艺，包括酒类，可能命中注定有做食品的天赋吧！

千万别误解我在推销贝因美奶粉（实话实说，目前贝因美产品供不应求，不用我写博客推销），更不要误解本人是反对母乳喂养，其实母乳是永远无法完全模仿复制的。因为2000多种成分，特别是一些活性成分，还有一些无法人工合成的成分，是不可能被100%复制的，因为母乳喂养本身还是神圣的生命现象！（某些品牌仅仅模仿了几十种成分，可能还未经临床验证，就沾沾自喜，实在有点不足取！）

如果一定要说本篇的目的，倒是希望小时候没喝够母乳的大人们，和想不起母乳滋味的大小孩们，不妨去吃吃看，借以回忆妈妈的爱！

我们成长的目的就是要离开妈妈，独立生活，但离开妈妈，不等于忘记妈妈。一个记不起母乳滋味的人，是有必要反思拷问一下自己的。

这也是贝因美坚持做母爱总动员，倡导亲子新文化的全部原由……

按中国人的体质，应该终身喝配方奶粉。

2009年11月16日

15 科学发展应该以人的发展为优先

——首届中国宝贝成长论坛有感

科学发展观当下无疑成为国人的主流意识和共识！甚至可以说，“科学发展，以人为本”的理念已经深入人心。但笔者观察，令人困惑的是，科学发展的优先次序在政府和社会大众的认知和行为选择上并非很明确，甚或严重错位，这也是导致当下中国问题的重要原因，甚至威胁和谐社会的构建，窃以为应该引起高度重视！

笔者以为，科学发展肯定要有优先次序。正像中国改革开放之初，小平同志提出的“让一部分人先富起来”一样，因为不可能所有国人同步致富。同样，科学发展也不可能方方面面同步发展。因此，就有优先发展次序问题。而且先发展什么，后发展什么，不仅是价值选择问题，应该还有内在的规律和逻辑。以本人之见，不管发展什么、如何发展，归根结底，以人为本，就是应该以人的发展为优先，因此，民生课题，比如健康、教育、社保等理所当然是优先解决和要保证发展的领域。

而上周由国家民委和《瞭望东方周刊》主办的首届中国宝贝成长论坛上，本人又强烈地感受到，以人的发展为优先，宝贝们更应该是优先的优先，成功生养教、婴童产业、婴童经济及其背后的亲子文化，真的责任重大，使命光荣，所有从事婴童事业的人们，应该更加努力，争取各方面的更加重视。（目前社会各方面其实重视度很不够！）因为，成长是不可逆的，错过了成长关键期往往无法弥补，宝贝们的成长规律，“三岁看大，七岁看老”，现在0~6岁的宝贝，30年后就是中国的年轻主流一代，他们将应对更加全球化、现

首届"中国宝贝成长论坛"在贝因美全球概念店举办

代化的挑战，会面对更加严峻的人口、环境、资源的竞争压力。如果我们不从现在就着眼于未来几十年他们要面对的生存发展挑战，去培养造就他们的素质能力，将是我们这代人不可饶恕的失职，甚至是犯罪。

而我们看到今天很多家长把孩子当宠物或机器猫养，甚至以爱的名义伤害孩子，没有意识到"爱是一种信仰"，"爱是一种智慧，更是一种能力"，要无条件有原则，只有从小培养孩子健康的体格、健全的人格，再加上良好的智能，按宝贝的成长规律，进行科学养教，才能成功。

"国民素养，从小培养，成功人生，从小起步！"金钱买不到宝贝的成功人生！权力也换不来孩子的幸福一生，不能保证一生的前途命运。只有成功生养教，从宝贝出生第一天起就让宝贝自己睡觉，从小培养独立性，独立性是一切成长的基础起点，尽可能在六岁以前就学会学习、学会生活、学会做人、学会做事、学习沟通，培养优秀个人竞争力，才能更好地成长发展。这就是贝因美提出的"冠军宝贝的成长力，宝宝自己的生命力"的全部意义所在。

强烈主张：科学发展，以人为本，宝贝优先。

再喊一句口号：宝贝我们的下一代，下一代我们的宝贝！少年强则中国强，宝贝好则中国好！

安妮宝贝

（安妮宝贝 40 个月啦！身高：105 厘米，体重：18 公斤，迄今保持独自一个房间睡眠，不住院不打针的纪录。）

2009 年 12 月 24 日

16 杂食，我的营养圣经

——也说亲子健康管理

儿童健康（西湖）论坛暨贝因美儿童健康发展中心 2009 年 12 月 27 日启动

不久前写的“呼吁营养立法，打造健康中国”的博文引起很多朋友关切，希望我能进一步分享相关心得体会，今抽空做一下回应，也权当“立此存照”，但愿对大家有用。

前文已提及，营养是健康的核心要素，而饮食习惯乃是营养健康的关键因素，对一般人众而言，科学营养的原则就是均衡营养，即人体所需的各种营养素，多了也不好，少了也不行！怎么把握呢？一般人也不可能去精确计算每天所吃食物营养素的摄取量，即使是营养专家也做不到，因为营养需求本身是动态平衡的。实际上，也没有必要那么精确计量，通常人体是通过饥饿感调节营养需求的。因此，我们只要把握杂食的原则就可以了。所谓杂食，就是什么都吃，什么都不要吃太多，千万不要吃太饱。切勿挑食偏食，暴饮暴食。否则就是严重的饮食不均衡，就会直接导致营养失衡。包括一日三餐也要均衡，宜养成规律的饮食习惯。特别提醒许多白领女孩，因害怕肥胖或赶早班，常不吃早点，结果越不吃，越容易发胖。因为，如果饮食不规律，经常处于饥饿状态，一旦进食吃东西时，人体就会启动“饥饿防御”机制，会迅速把食物营养吸收（变成脂肪）储存起来，反而容易长胖。另外，如果喜欢吃甜食和脂肪多的食物，最好在早上或大运动量情况下适当多吃点，相对不容易长胖。因为不管蛋白质还是糖类（碳水化合物），只要吃多了，就都会营养过剩，都将转化为脂肪储存起来，而一旦形成脂肪储存，就很难被消耗，这也是为什么一旦长胖——脂肪化，就很难减肥的营养机理。如果不吃太多，及时消耗掉了，就没事，运动就是帮助消耗过剩营养。

比较中西饮食习惯，中式饮食结构传统上偏向素食，更注重味道。西式饮食更注重营养，西点通常都高热量、高蛋白、高脂肪。对此，我以为可以中西合璧，平衡一下就好，如此也符合均衡营养原则。问题是饮食习惯是味觉偏好决定的，我们管得住肚子饥饱，却常常管不住嘴。挑食偏食就是味觉偏好驱动的，而且，饮食习惯是从小养成的。因此，贝因美提倡“科学喂养，全面营养”，建议家长一方面要适时添加辅食补充宝宝营养，另一方面，更要给宝宝选择多样化不同天然口味的辅食，可以从小培养宝宝多样化的天然均衡饮食习惯，让宝宝终身受益。而且，越是从小培养的饮食习惯，越根深蒂固，好的坏的都不易改变，这也是宝宝食品不允许添加任何调味品、色素、香精、防腐剂等添加剂的原因。为此，家长最好以身作则，自己首先不要挑食偏食，我们常常发现，比如不喜欢吃蔬菜水果的宝宝，往往是妈妈也不喜欢吃水果蔬菜，其实是妈妈起了坏榜样作用!

总之，良好饮食习惯是一生健康的重要保证。一定要从小培养良好的饮食习惯。杂食，不偏食不挑食，什么都吃，什么都不要吃得太多。营养好，身体就好，抵抗力也强。

2009 年 12 月 27 日

第四篇

杂论

1　一个中国公民对中国改革开放三十年的思考

——读温总理《百年大计教育为本》有感

中国的未来会怎样？决定性的因素是什么？

这是一个未来学的课题，长久以来一直拷问着我，但相信绝不仅仅是我一个人关心的命题。尤其2008年至今，更强烈地在我脑子里盘旋。曾和朋友同学交流，有朋友直言不讳地说我："那是国家领导人考虑的问题，你狗拿耗子，多管闲事！"我不以为然。我深知在当今世界，现代国家的前途命运和每一个公民息息相关（这几年国外去得比较多，感受更深）。每一个中国人，哪怕是最普通的公民都有资格而且应该关注这个问题。何况我现在从事着事关千家万户子孙后代、关系到民族昌盛国家未来的婴童事业。

回到未来学的角度，现代国家发展主要取决于领导决策和国民意志。而从文化人类学角度看，应该归根结底取决于国民素质的高低。因为，国家领导人也是在国民中产生的，国民意志的取向也直接与国民素质相关。

共和国六十年，改革开放三十年，我们国家无疑取得了巨大进步和成就，有目共睹，举世公认，应该庆祝，更要总结。但过去的毕竟已成历史，我们应更关注未来，即后三十年甚至六十年，中国会发展成什么样，将怎样发展。前一个是愿景，后一个是路径。前者，领导为我们描绘了一个美好图景；后者，领导也确定了按规律科学发展的方针。但我们仍然忐忑不安。因为我们感受到的问题太多了，而且许多问题也并不是简单地以领导者意志为转移的。宏观上，我们有人口、资源、环境的巨大挑战。发展上，则面临全球化、现代化的挑战。现代化尚未完全实现，后现代化的挑战又扑面而来。现实生活中我们感受到的烦恼就更多了……

为什么端起碗来吃肉，放下筷子骂娘？是因为觉得不公平。为什么人人争先恐后（以至于新加坡小朋友回去写中国所见所闻是看到了一群恐怖的野蛮人）？是因为国人知道僧多粥少，凡事必须先下手为强。还有计划没有变化快，可能过了这个村，就没那个店。还有医保、社保没有全民覆盖，对生老病死的害怕，以及其他许多不确定的东西。不确定就会导致焦虑，由于焦虑，更加争先恐后，久之变成习惯，出国了也难改，加之国际礼仪的缺失，让国际民间见到了来自中国的“有钱的野蛮人”，因此，形成国际民间版的“中国威胁论”（因为有钱的野蛮人更可怕），文明古国形象大大受损。加上国际媒体的本能偏好（多喜欢报道负面的东西），进而中国的国家品牌形象大受损害，因而波及中资企业走出去——全球化（影响到生意发展，我们当然有意见）。凡此种种，不一而述。中国要真正实现强大，必须要做改变，领导做好领导的事，国民做好国民的事，并找到交集点。我以为这个交集点就是怎样提高国民素质，建立更公平更公正的游戏规则，让全体国民感受到更公平公正的社会权利，享受到更高品质的生活。

我曾经在以前的文章中写到，中国最核心的课题就是怎样把巨大的人口包袱转变成人力资源优势，其实就是提高国民素养的问题。经济的背后是文化，文化的背后是道德，道德的背后是信仰，而所有这一切都要靠教育来完成。因此，最积极根本的办法就是大力投资教育，我认为哪怕拿出 GDP 的 10% 也不为过。按照国际上的教育分类体系，不仅只重视学校教育，应同时重视家庭（亲子）教育和社会教育，以及成人自我教育。在教育取向上要更重视素质教育，并更关注人文素养、道德素养、组织素养，而不只是“学好数理化，走遍天下都不怕”！

因为，改革开放三十年，从社会学角度看，中国必须要向现代社会甚至后现代社会转型，而现代社会是由五根支柱构成的，就是所谓的知识社会、公民社会、法治社会、道德社会、商业（商人）

社会。为此，政府应该尽早大力推行全民社保、全民医保，这对转变国民心态，解除国民焦虑，提升国民素养，甚至对当下的拉动内需也会更有效。这应该也是真正进入社会主义的基本门槛，为什么不做呢？

可爱的下一代

“十年造林，百年育人”，真正提高国民素质必须要从源头起点抓起（所以贝因美提出“国民素养，从小培养”），从教育入手。还不能急功近利，还要兼顾教育公平！教育更不仅仅是政府的事，全体公民更要有现代教育意识，自觉提升自身素养，努力进取，积极作为，不要什么都怪到政府不作为或乱作为。

当然，我们非常希望看到更公平高效的现代服务型政府，特别希望看到在新时代背景下更好地落实“为人民服务”理念，如果能听到诸如“为人民服务，让人民满意”，“对人民负责，让人民放心”，哪怕只是口号也很爽！

“国人当自信，国货当自强”。相信中国会更好！

2009 年 2 月 9 日

2 消费主义在中国胜利了吗?

我们都是消费者!

没有卖错，只有买错……

当美国前总统肯尼迪 1962 年 3 月 15 日在国会发表总统咨文，提出四大消费权利主张，标志着世界进入买方市场——消费主义时代。当 1983 年“3·15”被确认为国际消费者权益日则标志着消费主义在全球取得了胜利。改革开放让中国快速跟上消费主义的时代步伐，我国 1994 年正式实施了《消费者权益保护法》，今年整 15 年了，很少有一部法律与国际接轨那么快，很想建议有关机构，做一下问卷调查——消费主义在中国胜利了吗?

讨论营销计划

今年3·15的主题是“消费与发展”，我非常赞成。这是买方市场经济条件下的必然，即消费决定生产，促进发展。我们选择了改革开放，也就选择了市场经济，对消费者而言，最大的好处就是我们拥有了用脚投票的权力。我们每个消费者手中的钞票就是我们用来对市场各种商品进行信任投票的最有力的工具。

如果我们不喜欢，我们就不投票，不消费！

如果我们吃不准，我们就再看看，不投票！

如果我们觉得贵或不需要，我们就不出手！

如果我们觉得上当受骗，就维权且告知亲朋好友不投票，并吃一堑，长一智，永远不给某个品牌投票！

如果我们发现既喜欢又需要的东西，我们可以根据消费能力，评估性价比，如果OK就毫不犹豫地出手，该消费时就消费。从佛家角度讲，这是施福，比施舍更有意义。因为施舍是简单的怜悯，可能你施舍的对象还是假可怜，而施福是对“众生”劳动的肯定，价值的实现和鼓励，自然功德更高更广。这是我的消费主义！

消费也即生活！

有朋友问我今年贝因美3·15公益广告为什么不再强调“安全消费”，而是推“健康消费”理念。我想说，安全消费实在是太低层次的问题！况且，情绪化的怕是没有意义的，就像我们出门旅行，每次可能都有危险，但我们不能因此不乘飞机，不开汽车，不出门！

据我了解，目前发达国家的消费有四大趋势，除了现代化的一贯追求外，另外三个就是健康化、个性化和艺术化，而健康化包含环保生态的价值理念，已经成为最重要的消费潮流。同时，理性消费也被纳入健康消费的理念，成为题中应有之义。

不需要就不买！

不环保就不消费！

性价比不高就不下单！

成为健康消费的核心理念！

当然，该消费就消费，那是施福，也是自我奖赏！

愿我们的消费更成熟更健康更理性，远离安全消费的陷阱！千万不要做没有原则不长记性的消费糊涂虫！

我们都是消费者，自己的事情自己做主，相信中国消费主义时代自然会来临，终有引领世界的一天！当这一天来临时，相信中国更是无比强大！

3·15——赞！

2009年3月15日

3 透视日本

——也谈五四运动九十周年

和安妮在日本

日亲子游

一家三口利用“五一”假期第一次到日本亲子游。一起参加的贝因美家庭和 VIP 家庭总共 20 户，整整两辆大巴。有不少家庭是第一次去日本，感触很深。本人是第 N 次到日本，对日本自认为已有深刻认识，可谓透视，和大家分享了些看法，大家觉得很有意思，强烈建议我写成博客，与更多朋友分享，遂成本文。

深知国人对日本有着十分复杂的情感。在日本明治维新以前，我们一直是他们的老师，中国人以老大自居，视其为小日本。不料，我们戊戌变法失败，国力日衰，人家明治维新成功，终于甲午海战老师惨败，自此引发百年来的恩恩怨怨，迄今争吵不休，恩怨未了。

我关注的重点是日本的国民素养和文化价值取向及未来发展的趋势。我的观点是日本如果是敌人抑或对手，我们更要研究关注。向对手学习也是我的重要习惯，否则如何超越战胜对手？

对于日本国民素养，还记得第一次到访的震撼：偌大的国家几乎找不到一块脏玻璃，而我们如此泱泱大国却很难找到一块干净玻璃，有人可能会提你的干净与脏的标准是什么，得先说清楚。我不想在此扯皮，不信可以自己去看看，比一下。其他方面不多说了。说实在的，去了许多国家，就基本的人文素养而言，日本我认为是全世界最好的。

观察日本人的文化价值取向，我的结论是，日本人的取向一直未变，那就是崇强。中国强大的时候，拜中国为师（京都保留的东西就是中国唐朝的东西，可以佐证）。当老师在鸦片战争中被击败时，日本人吓坏了，还有这么厉害的角色，马上研究学习，连交通规则都跟西方一样。而我们呢，从盲目的大国天朝自信，走向失去自信乃至自卑的崇洋，当然还有一部分排斥，夹杂着矛盾的情感，然后是步伐慌乱焦虑地追赶现代化。日本人没变的还有自称大和民族的核心价值之一的协作精神，以及危机意识。

再比较下明治维新为什么成功，戊戌变法之所以失败的根本原因，我认为很简单，就是日本人很好地处理好了“破”与“立”的关系，而我们没有。再看五四运动，出发点是救亡，口号是打倒孔家店，要请的是“德先生”和“赛先生”（民主与科学）。救亡到新中国成立应该算实现了，至少到今天可说实现了（小平同志说：中国不改革开放就会被开除地球籍时，某种意义上还没有实现救亡目标）。那么，中国下一个目标顺理成章应该就是实现伟大复兴。为此，我认为日本经验非常值得研究借鉴，国民素质才是根本，首先国民意识要更开放，更理性，而最关键的就是要处理好破与立的关系。特别是不能再犯破而不立的错误，这个错误的性质，打个比方：就像新衣服还没准备好（买来和自制都没关系），就把旧衣服脱掉扔了，赤裸裸地站那儿，身上肌肉体型又不够健美。当然我们更不能再玩皇帝的新衣这类把戏！

总之，中华要复兴，国人当自强，多去日本看看，眼见为实，假如是对手，更要重点研究学习！

题外话：只要中国真正强大，日本自然会再跟着过来。

2009 年 5 月 9 日

4　天灾与人祸

——5·12 四川地震周年祭

为震亡者祈祷

终于来到地震灾区，了却心愿……顺便调查一下贝因美母婴关爱基金地震灾区儿童抚养计划专项基金的落实情况，希望好事做到位，有限的资金能够发挥最大效用。这也是我一贯的行事风格——君子所爱，行之有道。凡事但求无怨无悔，做人但求问心无愧！

听到很多抗震救灾的故事，感动，感慨！总而言之，可以归结为爱的故事，因为真正的爱就是发自内心自觉自愿的关心、关切、关怀和同情之心。对亲人的这种情感我定义为小爱，对非亲非故陌生人的关心关切关怀并付诸行动是大爱。在这里，我们都看到了。我更乐意把这些爱的故事解读成中华伟大复兴的有力证据和最生动的表征。因为一个民族的强大首先是精神上的强大，大爱应该是本质体现。

因此，国人在 2008 年的这个时段，得到了国际社会的极大尊重，甚至令一直批评中国改革开放带来拜金主义者刮目相看。他们认为拜金主义是中国当下一切社会问题的总根源，从而否定某些开放为大病灶，恨不得把一切铲除！不能否定某些故事和举动带有作秀和做态！但这毕竟也认同了善和爱的价值取向，应该予以肯定和鼓励。我讨厌沽名钓誉，但我认为应该肯定舍利取名，也就是说，不管什么只要献爱心行大爱，都应该表扬！但不能勉强。

天灾难防，更难料，让国人认识到了生命的无常和宝贵，更唤起了国人的大爱精神。假如没有另一场地震——9·14三聚氰胺事件，那么，2008年中国的历史将被改写……

美国《时代》周刊2008年评的全球十大新闻，中国有两个，却是5·12和9·14三聚氰胺事件，颇令人寻味。天灾诚恐怖，人祸更可怕！我们当然要铭记5·12大爱精神，但也不能罔故9·14之类的人祸，否则，中华复兴恐梦难圆。不怕有灾难，不管天灾还是人祸。只怕麻木不仁，不吸取教训！

四川地震婴童扶养活动

2009年5月12日在都江堰

5　法治是逼出来的

——《食品安全法》生效有感

六一节贝因美向宜昌贫困家庭儿童捐赠 83 万元产品

六一四川灾区家庭北京爱国亲子游

今天是六一节，首先祝安妮宝贝和小朋友们节日快乐，希望天天都是安妮宝贝和小朋友们的六一节。我想，《食品安全法》今天生效，至少在吃的方面，小朋友们可以放心很多。不管此法是否还有不完美的地方，有“紧箍咒”总比没有好，但对于习惯了不按规则游戏者，肯定是不自在不方便了，或许很难受。而对于本来就规矩者，有无“紧箍咒”是一样的，只是高压线近了，更加小心些别碰上就是。

回想当年所学《司法史》，法治绝对是逼出来的！亘古如斯！作为行为规范的“法”，在原始社会人们最早是约定俗成，后来是宗法（家法），进而才是“王法”。现代意义上的法治是相对于人治而存在的一个概念。法的本质是利用人们趋利避害这一动物本能而规范人们行为的手段，而当法治作为一种现代国家基本管治思想时，就不仅仅是手段了。趋利避害是动物本能，人类作为智慧动物本来应该更敏感，更兼具此本能，但人们恰恰因为是智能动物，却有了“利令智昏”的人性弱点，因而见利忘义，伤天害理，会铤而走险，导致种种人祸和悲剧，2008 年的三聚氰胺事件只是最新一例罢了。因此，我们也不要指望有了法，万事就大吉了。当然更不能奢望《食品安全法》生效了，从此我们吃的一切就 OK 啦！

法治是逼出来的！从另一层面，则是因为现代社会错综复杂，事务繁多，管治者实在不吃不喝不睡都忙不过来，顾不过来，于是弄个规则让人们自己去按规则游戏，再请几个裁判看着，有违反者就处罚一下。管治者乐得逍遥自在，不用像朱元璋那样天天朱批到深夜，白天更是口谕圣断一刻不停，把个皇宫变成牢房，做皇帝像坐牢一样，还被人说是治国无能，实在是有些冤！

法治是逼出来的！还因为法是各方利益和力量博弈的结果，不是上天掉下来的。所以我们今后要更多关心法律的制定和司法的过程！

今天国人多拥护法治！真正的法治首先是一种精神，“法律面前人人平等”、“王子犯法与庶民同罪”就是这样一种精神！相信，中国的法治会越来越好！这也是中华伟大复兴不可缺失的重要因素，也是现代社会国民素养高低的重要体现！

再祝小朋友六一节快乐！

2009 年 6 月 1 日

（谢安妮成长记录：月龄 33.5 月，身高 1.00 米，体重 15.5 公斤，迄今保持不生病住院的纪录。）

6　腐败为什么铲除不掉？

“砍头不要紧，只要主义真”，“生命诚可贵，爱情价更高，若为自由故，二者皆可抛”，这是先烈们对信仰义无反顾的追求，令人肃然起敬！

“门难进，脸难看，事难办，有理无钱别进来”，“一旦有了钱，春风得意来”，“今朝把权行，金钱送上门”，这是今天中国某些拜金主义和权力崇拜者的坚定信念！令人叹为观止，更让大家深恶痛绝！

最近和一些朋友们聊起当下中国的社会现象，我以为一切乱象的总根源就是拜金主义。人是信仰动物，为信仰就会不顾一切！所以，先烈们因为信仰可以抛头颅，洒热血，演绎了可歌可泣的历史，创立了新中国。

今天，当人们信仰改变，自然行为随之而变。腐败本质上就是权钱交换，权力崇拜是因为权力可以呼风唤雨，换来一切！而金钱崇拜——拜金主义，是因为有钱确实好，甚至能使鬼推磨！

其实，当下全球流行性物欲症，全球金融危机根源在此，“麦道夫”们的行为更是根源于此！

窃以为，要实现中华复兴，实现科学发展和世界和谐，就要反对拜金，摒弃滥权，重塑信仰，重建信念，重视道德，导正价值取向。

有朋友问拜金和滥权严重到什么程度，答曰：不只是政府部门、国有企业，几乎所有机构，包括民企，哪怕一个门卫，甚至家庭成员之间都普遍存在。后果是导致严重的人际信任危机，甚至危及亲子关系。所谓“商场无父子”就是对此的写照。

好在本人坚信辩证法，相信物极必反，当大家都意识到问题严重，不能这样下去，就是问题解决，向好的方向转变的时刻！

相信中国会越来越好！腐败总有一天会被铲除掉！

——党的生日有感。

2009年7月1日

7 你为什么要猛撳电梯按钮？

长久以来，观察到很多国人有这样的习惯，不管在哪个环节，只要乘坐电梯，就会猛撳按钮，无论是等电梯，还是进电梯后输入楼层信息，或者出电梯时。

其实大家都知道，只要按钮指示灯亮，按一下就 OK 啦，所以，这个行为纯粹没有实际功效，只是一种下意识的习惯行为！

问题就在于“下意识的习惯行为”。以我的心理学知识，其实这就是焦虑心理反应，偶尔现象不要紧，仔细观察此行为比例相当高，也就是说此现象相当普遍，这就成问题了，至少说明相当一部分国人心理状态不是很好，就要想想这是什么原因了。因为心理健康是国民健康的重要指征！也是构建和谐社会的基础层面。后来看过《中国人的焦虑》一书，知道了很多原因及焦虑行为。但个人认为，主要原因其实应该就是不确定性——这也是行为心理学对焦虑心理归因的主要指向。说白了，是不确定性导致焦虑心理，使你下意识地猛撳电梯按钮是也！

历史经验表明，其实这是变革时代——社会转型期的常见现象。想一想，我们的机会多好，但仔细想想，又“个个有机会，人人没把握”，也就是不确定！已经成功者不能确保成功持续！先富起来的人怕一不小心哪天破财变回穷光蛋，还没富起来的人不知道什么时候能够致富，遇到生老病死或遇不测风云怎么办。不确定因素实在太多，因此，我们不能不焦虑……

但愿朋友们和国人有更多自觉，以便更好地调适焦虑心理，共同努力减少不确定因素！使心态更健康，故成本文，与大家分享！

又及，希望“全民社保，全民医保”尽快到位，从而有更好的和谐社会的物质和心理基础，因为这是最广大人民群众（国民）深层次的心理焦虑所在，善莫大焉！

2009 年 7 月 7 日

8　美国南北战争的另类解读

——也谈反国家分裂

去过美国几次，读过美国史，也看过《飘》，对美国有所解读，最近乌鲁木齐骚乱，不禁又勾起我对美国南北战争的另类解读。曾经把我的观点和旅居美国的老同学及美国朋友分享，也得到相当的认可。

一般认知，美国南北战争是林肯总统发起解放南方黑奴、北方先进的制度战胜南方的制度的战争，我同意这种说法。但我认为南北战争的真正原由是北方势力主导的联邦政府要捍卫美国的统一，更本质的是要维护美利坚合众国的合约，某种意义上，这是西方契约精神的极端体现，因为，加入美利坚合众国的合约是不可撤销，不能退出的。所以，不惜用战争手段维护。林肯总统果敢做了该做的事，成为美国历史上的伟大总统。正是南北战争，奠定了美国强大的真正基础，形成了名符其实的美利坚合众国。从此，没有人要退出美利坚合众国、要分裂美国，美国从此走向强盛。

由此想到，中国的《反分裂国家法》，不应仅仅是反台独，藏独、疆独都应包括，还可能冒出其他的“独”，都应该涵盖进去。这样才能更好依法反国家分裂，国际上会更认可我们，对中国国家品牌建设也有益。

写此文，实因去年发生拉萨骚乱，最近乌鲁木齐又发生骚乱，很多朋友的生活生意受影响，颇有感触，特成本文与朋友们分享！

2009 年 7 月 14 日

9 为什么内需拉动不起来?

视察卖场

下海以来，一直高度关注经济形势，尤其是中国经济发展，去年以来更甚。最近和一些商界朋友讨论中国经济趋势较多，大家的一个共同关注就是内需。其中一个重要共识就是中国作为世界工厂，先靠为全世界打工挣钱，逐渐积累财富，但打工赚钱终究不是长久之计，更是价值链最低端，经常会导致人家感冒生病，吃药的却是我们。中国经济要实现转型提升，掌握主动，甚至中华伟大复兴的根本就是中国经济必须真正强大，如此中国就必须要从世界工厂转变为世界市场，也就是要转变为内需主导驱动发展的经济形态。所以中央拉动内需应对国际金融危机的决策应该是非常正确英明的。

但根据经济数据和现实的感受，感觉内需拉动不理想。而且，一方面内需不足，另一方面通胀的苗头出来了。我认为这是中国经济深层次结构性矛盾的表现，毫不奇怪。

内需拉不起来，经济学的专业说法就是所谓有效需求不足，如此中国经济就难以实现可持续健康发展。为什么有效需求会不足？我认为经济界、企业界人士都应该思考关注并积极设法改变。个人认为主要有四个层面的原因。

首先，宏观层面。国民仍总体处于低收入状况，加上分配不均衡不合理。说白了就是总体仍穷，加上贫富不均，没钱的人没钱消费，有钱的人该有的都有了，多余的钱没地方消费，就去投资。实业投资风险很大，回报又低，又很辛苦，所以，多去投股市、房产，导致中国股市房市火暴，虚拟经济兴旺，实体经济则很累。

其次，社会福利医疗保障欠缺，老百姓有钱不敢花，可花可不花就不花。加上中国传统的储蓄习惯，更使有钱也不消费的情况严重普遍。（这点，庆幸自己选择了婴童业，需求相对比较刚性。）

第三，我认为是消费品市场比较混乱，导致消费者信心不足，不消费。典型的就是保健品市场，本来20世纪80年代就建立了一个很好的市场，现在反而萎缩，就是因为市场混乱，恶性竞争，误导消费。消费者上当后，消费信心严重受挫，导致整体消费下滑，迄今没恢复。还有像去年三聚氰胺这样的事件，导致整个乳品消费急剧压缩的类似现象，都直接影响内需拉动！

最后，消费观念的问题。我们是从历史悠久的长期短缺经济时代走过来的，节俭成了大多数国人的深刻记忆和习惯。比如很多在西方发达国家只是普通商品抑或精英消费的东西，但国人以为奢侈，怎敢消费？

内需拉动不起来，归根结底最重要的还是国民不富。希望国人继续努力致富，多支持好的国货（真正共同致富需要肥水不流外人田），更希望中华复兴是民富国强的图景……

2009年7月29日

10 “劣等种族说”该终结了

——张琳破纪录有感

西方一直有一种说法，认为黄种人不如白种人，尤其歧视华人，曾有“东亚病夫”之说，更曾有“华人与狗不得入内”。直至今天，虽然我们早已有众多奥运金牌，也有了姚明、刘翔等体育明星，还是有不少西方人认为只是特例和个案。深刻反映了西方人根深蒂固的成见、偏见，甚至是“种族歧视”……

其实，明智的西方人都很清楚，现代竞技体育之所以为世界瞩目，为各国各民族重视，是因为现代竞技体育直接反映了人类体质及综合素质，是文明社会、和平时代的人类素质“秀”。这也是为什么奥运会有如此大影响力的根本原因。

张琳破纪录当然又是个案，但如此多的个案和特例加起来，已经无法再说是个案和特例。于是，又有说法：这是国家行为，体制造出的冠军，不足为赞。

不否认体制的因素，但至少说明黄种人包括中国人，在基因上并不存在劣势，因为遗传学告诉我们如果真有基因缺陷，后天再怎么训练也是不可能成功的。

更有医学权威数据可以作为重要佐证。中国新生儿生长发育指标已毫不逊于西方发达国家的指标数字。日本更已是全球最长寿的民族。

张琳的事例告诉我们，国人当自信，更要自强。“劣等种族说”该彻底终结抛弃了！

2009年8月6日

11 中国应再申办世界杯

——北京奥运会一周年有感

今天是北京奥运会开幕一周年，国人对奥运会的热情和关注似乎已经消退，全球媒体更早已把目光转向伦敦。但我的一些想法一直挥之不去，借今天这个值得纪念的日子特写成博客，与朋友们分享。

第一个想法就是中国应再申办世界杯足球赛。因为除奥运会外，全球影响力唯一可以和奥运会相媲美的就是世界杯。一般举办奥运会的国家都会接着申办世界杯，日韩也都是这么做的。朋友们一定会问个中原因，对此，我和国外的朋友讨论过。从国际的角度，尤其在所谓和平年代全球化背景下，奥运会、世界杯以及其他竞技体育活动，都是一个嘉年华，所以大家都喜欢。但又远远不只是嘉年华……对政府而言，这是最好的国家营销；对举办国民众而言是绝佳的国民素养的展示；对相关企业、商业机构而言，是最好的品牌营销大篷车。如果成功举办会给国家、国民、企业以及相关的方方面面带来巨大的经济、政治及各方面的现实利益。这也是各国争办奥运会、世界杯的根本原因。

反观北京奥运会，应该承认这是有史以来中国最成功的一次国家营销，是近现代以来现代化成果的漂亮展示。就体育本身而言，我们取得了金牌总数第一，但用国际眼光来看，又不能不看到我们的奖牌总数不是第一，得的大多数是个体项目奖牌，有许多重要的团队项目如三大球（足球、篮球、排球）差距还很大，值得我们深层次思考。即使从国家营销的角度，我觉得也还是有很多不到位的地方，至少从国人的自觉意识方面，如何把“中国”这个品牌打响，还没有形成最重要的目标共识。而我认为这应该是我们举办奥运会最有价值的目标。因为在全球化时代，国家品牌是国人共享的宝贵财富，是一个民族国家立足于世界的旗帜，甚至是根本之所在。

那么，为什么奥运会、世界杯会有如此大的影响力？这是因为在全球化的背景下，人类达成了追求和平发展、重视人权、绿色环保以及市场经济下的自由贸易的普世共识。人类正在走向竞合发展的崭新时代，在这样的时代，民族国家需要用非战争手段树立形象，交流文化，比赛文明程度，竞技体育正好符合上述要求。奥运会作为最具内涵精神和历史性，又符合时代潮流的综合性品牌，自然备受推崇，成为竞技体育赛事的权威品牌。其实迄今为止，奥林匹克组织仍然只是总部在瑞士洛桑的民间组织。至于不少朋友好奇，为什么仅仅是一个足球赛的世界杯何以影响力可以与奥运会相比？这的确是一个很有意思的话题，本人认为，这主要是由足球的属性决定的。因为足球比赛的可观赏性，强对抗性和赛制……更深层次的原因是，足球水平很大程度上可反映一个民族国家的综合素质素养。从运动员层面，要有良好的心理素质（赢得起，输得起）。再次更要有良好的团队精神，懂得各自的角色定位，补位不缺位、卡位不越位。最后才是球艺等技巧性的东西。中国足球上不去，踢不好，正是缺乏这些根本性的东西。所以，我曾在很多场合说，中国足球踢好了，能进入世界杯八强了，我们的国民素养就上去了。

所以，本人强烈建议中国再申办世界杯，总结一下北京奥运会的不足，借申办世界杯，把足球水平拉上去，把国民素质提上去，把国家营销做到位，把“中国”这个国人在全球化时代必须共享的品牌真正打响！

强烈期望本文能引起国人的一点共鸣……

2009年8月8日于上海

12 不可忘却的9·14

有一位先哲说：历史是不能忘记的，忘记历史，意味着背叛！但可叹的是，人性之弱点，喜欢选择性记忆，常常会好了伤疤忘了疼！

相信国人都还记得去年的三聚氰胺——三鹿毒奶粉事件。尤其是食品界同仁，特别是中国乳业界……一定记忆犹新！

回顾事件发生一年来的进步，有目共睹：

《食品安全法》催生出来了，

新的产业政策出台了，

业界痛定思痛，纷纷行动……

消费者信心似乎也在快速恢复中！各方面都做了反思，更在行动！

但令人遗憾的是，迄今尚未看到官方的权威的对事件的总结报告——说法，导致国人仍多有困惑，无法充分理解事件为什么发生，市场信心仍然脆弱，没有充分恢复，某种程度上遏止了需求，影响到内需的拉动。

更令人遗憾的是据我所知有些业者仍然心存侥幸，并未深刻吸取教训，甚至把水搅浑，以便浑水摸鱼，甚至抹黑同业，恶性竞争，不一而足。

一个容易忘记历史的民族是难以进步的，

一个不知道吸取教训的组织是可怕的，

一个容易忘记伤痛的人会犯同样更大的错，

如此等等，或许中国食品安全还会爆发更大的危机！但愿我不是乌鸦嘴……

但愿我们永远记取事件教训！

2009年9月14日

13 甲子兴邦

——中国应大力强化国家营销

我们应该庆幸生逢其时！今天是中华人民共和国成立六十周年的日子！甲子邦兴，有足够多的理由大庆一番。应着“国家兴盛，匹夫有责”的说法，也就借机把一直以来有关的想法整理成博客，也算是对共和国六十华诞表达热忱，更想为中华伟大复兴尽一点炎黄子孙应尽的心智义务。

还清晰记得2001年读中文版《国家营销》时的触动，印象深刻的是，作者所提“没有哪个国家是没有问题的，虽然问题的本质、深度和广度各不相同”。国家营销实际上由来已久，但作为正式的学术研究还是由“营销教父”科特勒等在20世纪90年代末以相关专著出版为标志而开始的。但本人认为，无论在理论层面，还是实践层面，中国都应该大大强化国家营销，或许这是下一个甲子中华真正崛起最有效的途径和方法，应该全民贯彻！

从学术的角度，民族国家作为共同体组织，国家营销本质上是组织营销。国家营销实际在地球上自有国家产生以来就同步存在了。但在当下全球化时代，我以为国家营销应该上升为国家的根本生存发展战略。因为越是全球化，国家的差别竞争越突显，国家品牌越重要，国家竞争力的强弱直接关系到国民财富、生存状态、地位高低！因此，有人说21世纪作为全球化时代，实质上标志着人类进入全方位全员营销时代，因此有人喊出了“不做总统，要做营销人”的口号。

对当下中国人来说，最迫切而有重大意义的国家营销工作应该就是把握全球金融危机的良机，重新打响“中国”这一古老悠久的老字号品牌，赋予老字号全新的内涵。总之，就是要打响“中国”这一品牌，更快更好实现中华民族伟大复兴！

让“中国制造”变成全球赞誉的“中国创造”！

让“小康中国”变成“富强中国”、“财富中国”！

让“东亚病夫”变成“健康中国”、“长寿中国”！

让8亿农民早日成为现代城市居民！

让13亿中国人变成现代化国民，国民素养典范！

让“世界工厂”变成“世界市场”、“世界名牌”！

让“污染中国”早日变成“环保中国”、“生态中国”！

让人民币早日成为世界货币！

让更多中国企业成为世界500强！

愿中国开好2010年上海世博会，再争办成世界杯，再申办一次奥运会！不再发生类似三聚氰胺事件！

如此等等，不一而足！中国必须导入“全员营销”，那就是政府要努力，老百姓更要有作为！因为我们都是中国人，哪怕移民了，脸上还是刻着中国人的印记，身上还是流着中国人的热血，没法改变！中国品牌打响了，大家都好过！因为，我们都是中国人，共享这一品牌！而这一品牌也是我们的集合体，如果受损，我们谁都无法独善其身！

简言之，下一个甲子兴邦——中国应进一步大力强化国家营销，我认为最重要的就是在全球打响“中国”这个品牌，提升美誉度和品牌价值，使之成为全球公认的顶级品牌！如此，全球15亿华人要共同努力，更要13亿国人全员营销！这不只是政府的事，更不只是某个政党的事！而是要从现在做起，从每个中国人做起，更要从每个法人组织做起。特别是中国企业必须强大，如果没有中国企业的强大，中国的强大是不可思议的！

个人和法人都讲究诚信，重视道德，尊重法律，体现品质和价值，表现知识和文化，展现阳光财富，表达和平健康绿色环保的声音，还有爱心，如此中国品牌一定很快打响！

相信中国下一个甲子一定会成为全球第一品牌！据说今年中国的 GDP 总量就可超过日本，居全球第二啦！

所以我坚决不移民……因为我喜爱“中国”这个品牌！

此文也算是一个中国营销人的特别思考，借以献给祖国！

甲子邦兴，六十而耳顺……赞！

打响中国品牌，最根本的是要提高国民素养！国民素养，从小培养！成功生养教是绕不开的必由之路！

2009 年 10 月 1 日

14 财富没有原罪

——也析仇富心理

有关创富的博客引起朋友们对财富的讨论，现一并整理成新博文做一下回应。

有朋友批评当下中国的拜金主义，都是财富惹的祸，本人很不以为然。财富没有原罪！出问题的是掌握财富和追求财富的人，以及当下社会上的仇富心理，本人以为都源于此。我认为，首先我们要端正对财富的态度，从物质角度，财富乃是人类创造的物质文明成果，无可厚非，必不可少，也是衡量人类进步的重要尺度。所谓“人有钱就变坏”，错不在钱，而在人。这就是财富没有原罪的简单道理所在。就像有人用刀杀人，罪不在刀，而在人。中国几千年贫穷，是不是与这一点没想明白有很大关系?！而中国要实现可持续繁荣富强，导正财富观念，调正仇富心理至关重要！

据有关研究，当下社会上的仇富心理相当严重普遍，可能首先也是与我们的传统文化有关。据本人观察，主要是两方面的问题。一方面，当下不少富人并非“君子爱财，取之有道”而致富，或者说致富的途径、手段有问题，获得的财富不够阳光，自然遭人诟病及至嫉恨。更有不少富翁有钱后不干好事，所谓“为富不仁”，这就更让人反感以至仇富！另一方面，仇富者其实可能非常在意财富，由此产生逆反心理，进而变成嫉妒——仇富。由此，导致穷人富人的幸福指数都不高！

强烈希望中国创富者都追求阳光财富，坚守“君子爱财，取之有道”的儒商原则。已富起来的人们用好财富（不妨多做公益，权当提升品牌美誉度），勿“为富不仁”，如此中国才能持久繁荣富强，才会真正和谐。窃以为某种程度上，中国当下的资本外逃及投资移民热也与此有关！

2009年10月28日

15　山寨，别太离谱啦！

——也对乔布斯获评最佳 CEO 有感

在食品安全论坛上做“如何保障婴幼儿的健康成长”的报告

近日，贝因美在官网 www.beingmate.com 发了一个郑重声明，事因有人傍“贝因美”，在香港注册所谓的“贝因美集团”，又在国内注册以贝因美为商号的公司，生产一些品类的婴幼儿食品，竟堂而皇之“冒充”贝因美到处推销，引起很多不明真相的消费者的关切。更有许多业务合作伙伴和朋友为此而困惑，搞得贝因美业务人员和相关职能部门一头雾水，于是法务研究部先发一个声明，以正视听。而有朋友却调侃：这说明贝因美品牌真的大啦！让我哭笑不得，遂想起这一切是否是山寨文化惹的祸？故借机和朋友们谈论一下。刚又闻乔布斯击败比尔·盖茨等超级人物获十年最佳 CEO 奖，颇为感慨，一并成博与大家分享。

首先，不得不说：山寨，别太离谱啦！说实在的，一直以来对山寨现象和山寨文化，以及模仿秀们比较关注，并抱以正面积极的态度，认为也许是后起之秀学习创新的必经阶段，模仿创新的确也是众多日韩企业和中国优秀企业走过的路。但凡事都应有一个度，还有一个动机问题，过了就走向反面。如果动机就是傍名牌，误导客商和消费者，性质就完全变了，实不敢恭维！相比乔布斯，视创新为 CEO 的战略原点，并以此击败对手获评最佳 CEO，倡导的正是真正的商业文明——创新文化，更衬托出西方成熟市场经济对知识产权及创新的尊重和推崇。相信靠山寨式的模仿秀，终究是成不了气候的，而且跟在别人的屁股后，通常也只能是吃屁，至多是拾人牙慧，不可能成为王者。相信“假的真不了，真的假不了”！愿山寨文化推崇者把握好度，别太离谱啦！当然，傍大款傍名牌式的山寨与一般山寨性质是有区别的。

在贝因美杭州婴童生活馆举行的成功妈咪互动沙龙会

回归理性，不由得思考，我们的有关法规制度是否有漏洞？现行制度商标被分成很多类，可以由不同的权利人分类注册同样的商标，造成事实上的傍名牌的法律空间。而商号更是分行业分地区分各级工商部门，相同商号可由不同权利人注册，导致无数的“华联”、“友谊”、“光明”之类的公司。致使消费者难以辨识，要么孩子和脏水一起泼掉，要么上当受骗，真假李逵难辨。看起来是保护竞争的法律制度，实则是保护“不正当”经营，鼓励无序创新，损害的是消费者和权利人的利益。

只是有感而发，建议有关部门检讨一下相关法规。是否改行商标不分类优先唯一注册制度，商号实行全国统一管理优先使用唯一注册制度。甚至商标商号同一权利人同步注册保护制度，把立法宗旨调整为保护知识产权，鼓励真正创新，维护有序竞争和消费者权益至上的原则立场。有朋友质疑是否工商部门要多收费而搞的分类注册制度。相信工商部门绝不会因为要多收注册费而制定商标分类注册制度，笔者理解应该是我们市场经济经验不足所要付的学费！

另据笔者所见所闻，傍名牌傍大款现象各行各业非常普遍，能否纳入《反不正当竞争法》加以规范，并由工商部门主导《反不正当竞争法》的司法执法？

总之，中国要崛起，创新是必由之路，而创新必须要有更科学合理公平公正的法律制度保障，更要有良好的市场秩序作为基础保障，还要有健康的创新文化支持！我们应该钦佩乔布斯，尊重一切原创的东西，包容原创的失败，这才是真正的创新文化！窃以为山寨文化决不是真正的创新文化，但愿中国多些乔布斯，少点山寨，为真正的“中国创造”营造良好的氛围，鼓励乔布斯式的创新！原创才是创新的灵魂！

2009 年 12 月 3 日

16 房地产虚火压制中国经济转型

——中央经济工作会议有感

会见美国前总统布什、克林顿的经济顾问，著名经济学家保罗·皮尔泽

中央经济工作会议刚刚召开，提出“调结构，促消费，提内需”的经济工作方针，笔者以为抓住了当下中国经济的要害。但实又不敢对前景太乐观，因为当下中国已经是多元利益博弈的格局，不是中央说什么，各方面就乖乖地照办的。而有些想法，闷胸已久，不吐不快，借机和朋友们博享。

我理解，所谓“改变增长方式，调整结构，改善民生，促进消费，拉动内需”，实际上就是中国经济转型的问题。窃以为，影响中国经济转型最不利的因素之一则是房地产虚火，而当下中国的房地产虚火正旺，已成骑虎之势，某种意义上与美国爆发金融危机前的房地产形势很相像，甚至问题更严重！

为什么说房地产虚火是压制中国经济转型的主要因素？首先，显而易见，房地产火暴会吸引全社会大量资本的集中（包括金融资金），引发地产投机盛行，除了带动相关产业如建材、建筑、装修等行业外，导致其他产业发展资本缺失，更引发制造业的失血及焦躁。而制造业是创造财富的第一产业，也是一个国家的竞争力直接体现和经济基础。中国崛起依靠的就是号称“世界工厂”的制造业。如果制造业在房地产虚火“刺激”下，失去产业升级的资本投入和动力，相信中国经济转型首先在产业升级上就相当于自废武功。

另一方面，在市场需求方面，如果大家都把钱拿去买房，会直接压制其他方面的消费，从而影响各种相关产业的发展。因为大部分人就那么多收入，看到房价猛涨，就会紧张，担心手头的钱贬值，出于保值的考虑也会去买房。纵观改革开放以来，中国最大的获利群体就是房地产商。有朋友曾和笔者讨论过，一般老百姓，干一辈子辛辛苦苦攒了些钱，最大的愿望就是买房，最后都是把钱用来买房；即使是中小企业主，靠薄利多销积累了些资本，往往也会把很大一部分资金用于投资买房，而房地产商们只要坐在那里营造房地产涨价的形势，就可以坐地收利，实现财富转移。因为中国人都有根深蒂固的土地情结，这种情结很容易在城市化的大潮中转变为不动产投资冲动，转化为房产拥有情结。因为相比其他不确定的东西，房子总归还是看得见摸得着的东西。

加之，地方政府为了增加地方财政收入，更好地推进城市化建设，体现政绩，也希望房地产持续上涨，客观上就和地产商形成了牢固的“利益联盟”。借此，还可以刺激“懒惰的市民”努力挣钱，去创业投资，回头又可以更好地推动房地产，推进城市化现代化……而消费投资心理常常又是买涨不买落，越涨越买，越买越涨，房地产因此火箭速度上涨。苦的是其他非关联产业，特别是制造业，又苦又累，获利又低，税负更重，风险还大……谁还耐得住寂寞?!

平心而论，房地产业积极的一面，是推进了城市化，让“有钱人”住上了好房子，激励没钱的人努力发家致富。但窃以为，如果虚火太旺，就会严重压制经济健康可持续发展。但愿我们能清醒！不要再像这次保增长应对金融危机，一不小心钱砸下去，很快又流到房地产业去了……

此外，房地产业虚火旺盛绝对不仅仅压制的是中国经济转型，更严重破坏冲击着商业伦理道德，扭曲国民心态，削弱地方政府行为，更损害着执政党机体健康及民望……但愿此次中国经济转型成功！（什么时候中国制造业好过了，中国经济就转型成功啦！）

2009 年 12 月 9 日

2009 年 12 月 8 日陪同靳羽西参观贝因美北京全球概念店

17　呼吁营养立法，打造“健康中国”

——兼谈“平安中国”、“快乐中国”、“幸福中国”

参加第四届中国营养产业高层论坛并做报告

上周在北京参加第四届中国营养产业高层论坛，以此为题目做简短报告，引起业界不少朋友关切，希望我能做进一步探讨。我认真思考了一下，觉得还是有必要作一些补充说明，和大家探讨。

听医学界朋友说，现在患“富贵病”的人越来越多，而且大约85%的临床疾病与饮食有关，也就是吃出来的，国人的饮食健康大有问题。另外，中国2007年的医疗花费就已超过1万亿人民币，还在呈快速增加趋势。如果真的85%的病是吃出来的，那么不就是“破财伤命”，岂不是自作孽？而且许多病是营养过剩造成，这就是所谓的“富贵病”。以我的观察分析，造成这种状况的最重要的原因是国人缺乏系统科学的营养知识，不懂得健康饮食，而又非常重视营养，因此就极容易营养过剩和营养不均衡。而20世纪五六十年代出生的一批人，又是从经济短缺时代过来的，那时吃的比较粗，多把胃撑大了，现在条件好了，就很容易吃多（营养足够了但饱腹感不足），造成营养过剩，故观察50后、60后的大腹便便者特多。

营养是健康的核心要素。而且营养首先是动词，然后才是名词。真正的营养是人体生命现象，能够被消化吸收、新陈代谢的才是营养的。人体需要的营养素很多，不同情况，不同的人，消化吸收不一样，需要量不一样，耐受性不一样。某种营养素不是越多越好，特别是微量元素、维生素，比如钙、VA、VE，多了会营养过剩，甚至中毒，少了又会营养缺乏。（有顾客说为什么贝因美奶粉某些营养素添加量不如其他品牌，就是因为这个道理，贝因美坚持科学的添加量，不迎合顾客作秀。）所以，营养可以说是非常复杂的生命现象，而且真正科学的营养是个性化的（这就是基因营养学的研究方向）。因此，不懂营养，就很难保证健康。而追求健康又是最基本的生命诉求，是生命本能。这也是为什么健康化成为全球化的四大生活方式追求之一的根本原因。另外三个，分别是现代化、个性化和艺术化（时尚）。

也正是因为国人普遍缺乏营养知识，又重视营养，导致营养保健品泛滥，鱼目混珠，容易被忽悠，常有朋友抱怨上当受骗，甚至还吃出病来。对此，日本真的是我们很好的榜样，日本走营养立法之路，以法律规定在国民中普及营养知识，规定一定人口比例的营养师（大约1%）配备，餐饮业的厨师（寿司）都要取得营养师资格，故全日本有100多万营养师。同时，对营养食品实施全球最严格的标准要求。加之日本传统饮食习惯的健康因素，使日本成为当下全球人均寿命最长的国家。有社会学家认为，这也是日本二战后经济崛起，社会迅速现代化的重要原因。所以，我一直主张中国要向日本学习，结合国情，营养立法，打造健康中国。我认为，中国至少应该在初中阶段就开设营养课，作为必修的基础课（也可以像我国台湾地区一样纳入生活知识课程)。这样可以从根本上消除不健康食品的市场，杜绝类似阜阳大头娃娃之类的悲剧发生，也可以减轻政府管理的被动和压力。

如果国人吃得营养化，就会更加健康，医疗费就可减少，就可以有更多钱花在其他方面，比如文化教育、旅游，就可以更好地提高生活品质、拉动内需、推动经济可持续健康发展。同时有了健康，社会就会更和谐，形成真正的“平安中国”，在此基础上，再进一步可营造“快乐中国”、“幸福中国”，何乐而不为呢?!

窃以为：“国以民为本，民以食为天，食以安为先，营养才是根!”

营养食品的定义应该是：人体所必需，能够被消化吸收，对人体有益无害的食物。

2009 年 12 月 15 日

附：

第四届中国营养产业高层论坛发言提纲
呼吁营养立法　打造健康中国

一、导论

1. 健康化是全球四大生活方式追求及发展趋势之一，是全球化的趋势！并由此催生第五波——健康产业的蓬勃发展。中国也不例外。

2. 健康中国应该可以成为中国后改革开放的最大公约数，并上升为重要的政治命题。

3. 应该从政治的高度，和谐社会的构建角度看待“健康中国”打造。

4. 专业上，应该从生命科学的层面，终身健康的角度，社会人文关怀和生命价值最大化的高度看待“健康中国”问题。

二、从营养立法入手，促进国人健康，打造健康中国

1. 营养是健康的核心要素。

2. 营养要靠营养食品提供。

A. 基础营养食品

B. 强化营养食品

C. 功能营养食品

3. 营养改善及保障首先是个人的行为问题，也是社会大众的命题，必然也是国家及其政府要管理的重大民生问题。

4. 只有通过立法，才能保障科学安全的营养供给，达成公众营养改善与保障的目标。日本是最好的例子。

5. 应该将《食品安全法》扩展为《食品安全与营养保障法》。

营养健康研究、营养知识普及、营养供给保障、营养改善管理是营养立法的主要内容。

三、把握机会，顺势而为，大力发展营养健康产业，推进健康中国打造

1. 营养健康产业是人口优势产业，中国的人口优势决定未来健康产业市场优势。

2. 改革开放三十年为中国健康产业发展奠定了强大的经济基础优势。

3. 官产学、产学研结合，参照硅谷模式，打造营养硅谷，按规律发展营养健康产业。

4. 中西合璧，构建独特产业模式，大力发展健康产业。

5. 中国经济转型是发展健康产业的历史性机遇。

谢　宏

18 中国人VS日本人，崇洋VS崇强

——圣诞平安夜有感

中国的圣诞节气氛越来越浓，是否代表国人越来越崇洋?! 相比日本，把传统的春节过年都改成了圣诞节和元旦新年，完全与欧美接轨（脱亚入欧），似乎还差很多。但实际了解之下，似乎不是那么回事。联想到不久前美国友人给我发来美国兰德公司亚太政策中心有关最新对中国的15条评论，感触至深，遂忍不住要写博客，以期能引发国人深思……

读过一些历史的人都知道，鸦片战争以前，日本人一直拜中国人为师，包括我们的汉字、政治制度统统都学，京都完全就是当年唐朝长安的翻版。但鸦片战争中国落败，连带把“学生”吓得够呛，世界上竟还有比“老师”更厉害的角色，于是赶紧明治维新，脱亚入欧，全面改向洋人学习。中国被洋人打败，导致国人都怕洋人，进而崇洋妒强。看上去，日本人和国人都崇洋啦！但实质上，日本人是崇强，谁厉害就拜谁为师，而国人则是形成崇洋又妒强的矛盾失衡心态，两者有着本质差别。窃以为这是导致日本近现代超越中国，学生胜过老师的根本原因，当引起国人觉醒！笔者观察，特别是中国的精英们，往往更崇洋妒强，甚而妒贤嫉能，简直不可理喻，是否是严重的文化价值迷失，意识形态错位？迄今没想明白。但愿此篇博客能让某些精英和有识之士们有所触动……

非常赞成中国首先应该变成理性社会，强化法治，然后再考虑“消费”其他层面的“奢侈品”。而我们的文化价值取向先变成自强不息，抑或崇强，无论如何须先去掉崇洋妒强心理，否则，中国很

难真正变得强大……

但愿我们的下一代不崇洋妒强！还有，不要没有真正强大，就以为自己很强大而故步自封、自以为大、沾沾自喜！

2009年12月25日

附：

美国兰德智库对中国人的15条最新评论

1. 中国人缺乏诚信和社会责任感。中国人不了解他们作为社会个体应该对国家和社会所承担的责任和义务。普通中国人通常只关心他们的家庭和亲属，中国的文化是建立在家族血缘关系上而不是建立在一个理性的社会基础之上。中国人只在乎他们直系亲属的福祉，对与自己毫不相关的人所遭受的苦难则视而不见。毫无疑问，这种以血缘关系为基础的道德观势必导致自私、冷酷，这种自私和冷酷已经成为阻碍中国社会向前发展的最关键因素。

2. 中国从来就没有成为一个法制社会，因为中国人的思维方式与守法行为格格不入。中国人老想走快捷方式。他们不明白这样一个事实：成就来自于努力工作和牺牲。中国人倾向于索取而不是给予。他们需要明白一个道理：生活的真谛不在于你索取多少而在于你能给予社会和你的人类同胞多少。

3. 大多数中国人从来就没有学到过什么是体面和尊敬的生活意义。中国人普遍不懂得如何为了个人和社会的福祉去进行富有成效的生活。潜意识里，中国人视他们的生活目的就是抬高自己从而获得别人的认知。这样一来，一个人就会对“保有面子”这样微不足道的欲望感到满足。“面子”是中国人心理最基本的组成部分，它已经成为中国人难以克服的障碍，阻碍中国人接受真理并尝试富有意义的生活。这个应受谴责的习性使得中国人生来就具有无情和自私的特点，它已成为中国落后的主要原因。

4. 中国人没有勇气去追求他们认为正确的事情。首先，他们没有从错误中筛选正确事物的能力，因为他们的思想被贪婪所占据。再有，就算他们有能力筛选出正确的事情，他们也缺乏勇气去把真理化为实践。

5. 中国人习惯接受廉价和免费的事物，他们总是梦想奇迹或者好运，因为他们不愿意付出努力，他们总想不劳而获。很少有中国人明白一个事实：威望和成就是通过一步步努力的工作和牺牲实现的，不付出就没有所得。简单来说，如果是为了谋生，那一个人只有去索取；但如果是为了生活，一个人必须要去奉献。

6. 由于在贫穷的环境下生长并且缺少应有的教育，大多数中国人不懂得优雅的举止和基本的礼貌。他们中的大多数人着装笨拙粗鄙却不感到害羞。他们在青少年时所受的教育就是如何说谎并从别人那里索取，而不是去与别人分享自己的所有。

7. 中国是一个物产丰富的国家。但无限制生育政策所带来的恶果使得中国成为无限廉价劳动力的输出国。这些输出也包括那些受过教育的劳力输出，除了他们的教育水平，实则和其他一般苦力没有本质上的区别。

8. 中国大规模生产的便宜产品降低了购入这些产品的地区的商业信用度。由于技术落后，管理失败，中国制造的单位能耗要比发达国家如日本、美国高出很多。因此，随着出口额的增加，中国在扩大生产的同时丧失着宝贵的能源。同时，这种行为也严重地污染了环境，使中国变为全世界最不适宜人类居住的国家。

9. 目前中国正在遭受着资本主义社会两大邪恶的折磨，环境的破坏与人性的丧失。由于中国人天生的贪婪的本性，他们可以毫无保留地接受资本主义的阴暗面，即无止境追求物质利益、忽视人的尊严。中国人对西方的技术与产品狂热追求却对西方管理文化所强调的坦率、直接、诚实这些漠不关心。

10. 由于中国文化不鼓励敢于冒险这种优良品质，所以中国人极力避免冒险，他们也不想寻求机会来改善自己的生活。中国人对于生活的平衡性和意义性并不感兴趣，相反他们更执迷于对物质的索取，这点上要远远胜于西方人。大多数中国人发现他们不懂得

“精神灵性”、“自由信仰”以及“心智健康”这样的概念，因为他们的思想尚不能达到一个生命（补：即肉体和灵性的并存）存在的更高层次。他们的思想还停留在专注于动物本能对性和食物那点贪婪可怜的欲望上。

11. 在中国人的眼中，受教育不是为了寻求真理或者改善生活质量，而只是身份和显赫地位的象征和标志。中国的知识分子从别人那里得到尊敬并不是因为他们为了别人的幸福做过什么，而只是因为他们获得占有了相当的知识。事实上，他们中的大多数只不过是一群仅仅通晓考试却从不关心真理和道德的食客。

12. 中国的教育体系很大程度上已经成为一种失败和耻辱。它已经不能够服务于教育本应所服务的对象：社会。这个教育体系不能提供给社会许多有用的个体。它只是制造出一群投机分子，他们渴望能够受益于社会所提供的好处却毫不关心回报。

13. 中国可以培养出大批的高级人才，但却很少可以培养出合格的可以独立主持的管理级专家。服务于一个公司或者社会，光有技术是不够的；还需要有勇气、胆量、正直和诚实的领导才能，这恰恰是大多数中国人所缺少的品性。正如阿瑟·史密斯（一位著名的西方传教士）一个世纪前所指出的，中国人最缺乏的不是智慧，而是勇气和正直的纯正品性。这个评价，虽然历经百年，如今依旧准确诊断出中国综合征的原因。

14. 大多数中国毕业生对选择出国并为外国工作不会感到内疚，事实上他们首先欠下了中国人民在教育上为他们所做出的牺牲。随着传统文化价值观的破坏和逐步衰弱，大多数的中国人（包括受过教育的人）都徘徊在精神和内心世界的路口，像迷失的狗一样不知何去何从。

15. ……（最后一条留给读者）

附录

1 天国之旅

——“西藏游”诗三首

（一）

人生真谛谁知道
英雄豪杰不知道
风流人物不足道
先贤圣哲怎知道

2008年10月4日

（二）

成功生养教
人生真谛晓
漫漫人生路
成败得失间
生死两点线
机缘嬉造化
精彩过程中

2008年10月5日羊卓雍错，海拔4525米

（三）

三生有幸今世缘　乐天知命真性情
人生三问不时拷　生活真谛要知晓
为人处世最重要　待人接物定基调
留心处处皆学问　学习进步更重要
事在人为三思行　道法自然顺势为
沟通技巧不可少　人生陷阱要避了
精彩人生今生写　成功人生莫等闲

2008年10月6日重阳节，纳木错

注解：

诗三首中的“三问”指：我是谁？想要什么？凭什么要？

“三思”指：思退、思进、思变。

“人生陷阱”指：

1. 迷失方向，不知所措；
2. 没有目标，失去动力；
3. 没有原则，失去人格；
4. 自以为是，刚愎自用；
5. 自以为大，目空一切；
6. 急功近利，不择手段；
7. 迷失自我，不知道自己是谁、想要什么、凭什么要；
8. 意气用事，失去理智；
9. 感情用事，为情所困；
10. 不知不觉，麻木不仁。

2 十六岁的花季有感

贝因美十六周年庆活动

朋友们都知道，今天是贝因美成立十六周年的日子。

在2001年前，我一直把贝因美当儿子养。2002年起，改变想法，把她当女儿养。很多朋友曾问我这是基于什么心态，我笑答：儿子名气，女儿福气。其实，深层次的想法是，养女儿可以多一个选择，既可以嫁出去，如果舍不得嫁还可以招女婿上门。除此，如果女儿不能干招个女婿能干真好！呵呵……

但十六年下来，感觉养女儿还真有另类的压力。十六岁的花季，正是最危险的年龄！光考虑如何保持她的纯洁无瑕就颇费思量！十六岁的花季，本身就充满诱惑，要保持洁身自好，不被玷污殊为不易。况且，江湖险恶，人心叵测，着实令人牵挂，不放心！

感谢朋友们对我大女儿的真心关爱以及对我这个实习父亲的理解支持！

我将尽父亲的天职，竭力维护她的清誉，让她更漂亮，永远美丽！

2008年11月11日

3 领教恶搞

感谢了解、信任我的朋友们!

今天针对贝因美和娃哈哈的乌龙事件，纯属恶意炒作!

清者自清，相信我“女儿”没那么容易被流氓玷污……

天地昭昭，天理良心!

恶性竞争竟然如此!

领教了……

再次感谢朋友们的关爱、信任、支持!

2009 年 3 月 17 日

4 2009年清明贵州行有感

贵州留影

清明到访古夜郎
黔驴未必就技穷
夜郎自大有原由
安顺道上筑屯堡
大明遗风今还在
天下普定回老家

5 江湖令

——我信奉的做人做事准则

非分之想不可有！
非法所得不可占！
不义之财不可取！
伤天害理绝不做！
君子爱财，
取之有道。
有求必应，
有诺必践。
一诺千金，
说到做到。
恶有恶报，
善有善报。
因果报应，
迟早要报。
天理良心，
知恩图报。
天地昭昭，
见者有份。
有福同享，
有难同当。
能力有限，

忠心可鉴。

用心做人，

认真做事。

忠信仁爱，价值实现，皆大欢喜！

——与全体同仁共勉

2007 年 10 月 18 日

6 新董事会顺利召开有感

争分夺秒抢市场，与时赛跑图变革，

伟大事业共图强，笑傲江湖竞久长。

2009 年 9 月

7　不做"总统"，就做营销人

——谢宏解析贝因美的核心竞争力

2009年11月28日　中国经营报　鲁怡

编者按/ 在中国奶粉行业大地震中，作为幸存者之一的本土品牌贝因美，由于没有污染三聚氰胺而赢得广大消费者的高度信赖。事到如今一直引起中国业界的关注，诸多企业把贝因美作为学习的"标杆"。而在金融危机的大环境下，今年贝因美逆势增长并完成支撑200亿元目标的产业和市场布局，其年业绩已经连续三年获得100%的增长，使之成为中国婴幼儿食品第一品牌和中国婴童行业当之无愧的领跑者。贝因美为什么能成为中国企业的"标杆"而令人尊敬？日前，该公司创始人、董事局主席谢宏在接受《中国经营报》记者专访时解析了其成功的基因。

核心竞争力就是品牌价值的体现

《中国经营报》：有业内专家分析认为，贝因美是一个战略导向型企业，如今快速成长的"现象"，其成功的背后是企业17年来智慧经营而坚持不懈打造核心竞争力的必然结果。对此，你所理解的核心竞争力内涵是什么？请你简述一下贝因美在17年的发展进程中是如何打造核心竞争力的。

谢宏：我确实一直很关注这个话题。经过30年的改革开放，中国企业已从机会导向型转入到了战略导向型的发展阶段，也就是说企业机会导向型发展的时代已经终结，也可以说"一招鲜"时代已成过去式。现在只有具备核心竞争力的企业才能生存下去，而且这个企业必须是战略导向型，一定是专业化的。对于竞争性行业及消费品企业来说，我个人认为，核心竞争力就是品牌价值的内涵。简言之，核心竞争力就是品牌价值的体现。因为一个企业只有具备良好品牌，才能被你的顾客、市场认同，才能显示企业的核心竞争力优势。

对于品牌价值的界定，我觉得好的品牌不是简单的商标，更不是一个单纯的商业符号，真正具有非常好的核心价值的品牌，应该是文化符号，这样才能有持久的品牌力。今天大家看到的贝因美品牌竞争力优势，确实是我们17年来一直“专注婴童事业”而持续打造的结果。追溯企业近20年的发展进程，从一开始，我们就走品牌国际化路线，从贝因美品牌的命名到“育婴专家”形象打造，从“成功生养教”到“造就冠军宝贝”关键词的抢占，然后到产品与服务，这些都体现了品牌的核心价值。真可谓是17年如一日，锲而不舍磨一“剑”。如今贝因美已成功打造为国际化的本土知名品牌，并把实现品牌价值的目标上升到“理想、责任、使命”的最高境界。目前，“育婴专家”贝因美承负着“造就冠军宝贝，提高国民素养”的历史使命。这也是我创业心路历程的真实写照。

《中国经营报》：我们注意到，对于贝因美的核心竞争力，你把它比喻为“独门武功”，并集中体现于营销人员开拓业务的能力，也就是营销力。据悉，你还是“第二届中国杰出营销人金鼎奖”得主。你是怎么看待营销力和营销人的？

谢宏：我记得10年前曾跟你们说过，品牌就是市场的旗帜，它应该是个性化的。从企业核心竞争力的属性来说，我认为，核心竞争力就是“独门武功”，是对手无法复制的东西。因此，对所有消费品企业来说，核心竞争力就是品牌，并集中体现在业务拓展能力上。前些日子，我与创业者探讨如何创业时，我说作为创业者第一道要过的就是营销关，言下之意“营销是龙头，顾客是上帝”，说白了就是怎么拿订单。对此，我还曾写过一篇博客，与其说中小型企业融资难，还不如说缺订单。所以说核心竞争力一定要体现为营销力也就是市场运作的能力，是因为我们现在是一个市场经济背景下的企业，你怎么去占领市场而赢得更好的市场份额，这是任何一个企业生存的根本。

说到营销人的概念，目前国际营销界流行着一句口号，叫做“不做总统，就做营销人”。因此有人说21世纪作为全球化时代，实质上标志着人类进入了“全方位营销时代”——国家需要营销，组织也要营销，每个人都要营销。这句口号是对人类进入营销时代的一个描述。因此，我本人认为，下一个甲子兴邦——中国应该进一步大力强化国家营销。因为越是全球化，国家品牌越重要，而国家品牌的强弱直接关系国民财富、生存状态、地位。中国人要团结一致在全球倾力打响“中国”这个品牌，提升美誉度和品牌价值，成为全球公认的顶级品牌。为此中国应该也要导入“全员营销”，那就是政府要努力，老百姓更要有作为，共同努力打响中国品牌。我认为其中最根本的是要提高国民素养，而国民素养，应从小培养，成功生养教是绕不开的必由之路。因此我们贝因美必须更好地导入全员营销的理念，就是说“个个育婴专家、人人母婴顾问”，可以说贝因美目前正在努力做“影响妈妈，培育新一代”的营销人，这也充分体现了贝因美的品牌价值。

控制风险要避免“10－1＝0”

《中国经营报》： 1998年贝因美开始启动婴童产业“同心多元化”的品牌战略，旨在成为中国婴童行业的综合运营商。2007年又实施领导品牌战略，如今贝因美以婴幼儿食品为基础业务和相关业务已迈入良性发展的快车道，成功打造为中国婴童市场的领先品牌。作为婴童业的综合运营商，你是如何整合利用资源并有效控制风险的？

谢宏： 从执行层面来说，我把系统运营效率、决策机制、风险控制能力合起来定义为综合竞争力。那么贝因美是如何整合利用资源并有效控制风险的，我从系统经营论来理解，简单阐述为“1＋1＞2，10－1＝0”的理论。

因为资源是一种经营要素，系统论里把它称为要素的优化整合，以达到 1+1>2 的成效。贝因美在具体操作中，把资源分为内部、外部、有形、无形等四类资源来进行有效整合，并达到 1+1>2 的优化组合，从而来实现既定的经营目标。

关于风险控制这一块，从理论上来阐述，控制风险实际上就是要避免 10-1=0，也就是说要做好一件事，必须具备 10 个条件才能成功，缺一不可，那就要全要素控制。在实际操作过程中，我们始终坚持目标导向、过程控制、结果验证的原则，配合全程控制，确保万无一失。我认为，婴童行业是一个良心产业，婴童食品更是高危的专业产品，既要有高度的责任心，还要具备高度的专业性，才能有效控制风险。因此，我们贝因美从 1992 年开始至今不管是食品还是用品方面，始终严格按照国际安全标准及规范，构建产品安全体系，如严格遵循 ISO9001 质量标准体系要求，以及 HACCP、GMP 等国际先进的品控规范，确保贝因美系列产品的一贯高品质。

《中国经营报》：能否分享一下贝因美在多元化品牌管理方面的经验？

谢宏：我认为多元化有两种概念，一种是关联业务多元化，另一种是非关联业务多元化。贝因美的同心多元化，实际上是一个关联业务多元化的概念，而且这个关联业务一定是与品牌价值取向相一致的，它可以起到一个更好的资源整合、放大、增值的效果。我们从确定“同心多元化”品牌战略以来，至今没有做过非关联业务。比如说某些企业的品牌本身是做健康产品的，而又去做非健康产品，那么品牌的价值一定会冲突，品牌就会贬值，非关联业务多元化的问题就在于此。

价值观是企业的 DNA

《中国经营报》：据悉，今年 2 月贝因美在北京发布了国内第一本研究中国亲子文化的《亲子文化蓝皮书》后，积极策划了许多亲子文化活动。如由贝因美赞助摄制的中国第一部亲子电影《火星没事》于 11 月 20 日起在全国正式播映等。在你看来，今年贝因美参与一系列“公益”活动的动机是什么？其价值体现在哪里？

谢宏：我们的动机就是以贝因美的经营理念为导向，认真践行“忠信仁爱”的核心价值观，追求“五大价值”的统一，高度体现“重塑亲子文化，提升国民素养”的历史使命，这与我们“打造伟大企业，追求成功人生”的企业愿景是完全吻合的。

我一直认为，责任与使命比赢利更重要，价值观念比战略更重要。价值观确实是企业核心竞争力的核心元素。从CIS系统来看，MI就是核心理念即价值观。战略只是一个方向，而价值观是根本，相当于DNA，真的是企业的DNA。

今年我们举办一系列亲子文化活动，其行为导向就是要把品牌上升为文化符号。通过一些公益活动的表现形式，增进公众、目标客户，包括媒体更好地互动，从而使品牌体现社会文化的价值并提升美誉度。如今年贝因美育婴专家节，我们联手中影集团等战略合作伙伴正式启动以“火星宝贝”之《火星没事》为开篇的原创电影大片为标志的文化营销，其目标是将《火星宝贝》打造成中国式的“哈里·波特”，这就可以“润物细无声”地植入贝因美品牌文化价值。文化营销本身就是推广文化的价值与理念。今后，我们会更积极地去探索。

《中国经营报》：不久前创业板开通后，国人创业已然成为当下的焦点。据悉，最近贝因美又支持杭州市政府主办中国首届婴童产业创富大赛，目的意图何在？你觉得创业型企业的价值该如何体现？

谢宏：由杭州市政府主办、婴童行业协会承办、贝因美冠名的创富大赛，其目的是发现并成就有爱心、有创造力和强烈社会责任感的创业青年，加入婴童行业，帮助他们实现创业梦想，并引发全社会对婴童产业的关注，共同把杭州打造成国际婴童之都。贝因美作为中国婴童行业的领跑者，又是婴童行业协会的会长单位，给予这次大赛的支持和帮助是义不容辞的，也体现了我们助力杭州打造“婴童之都”的竞合发展理念，以期进一步推动婴童行业在杭州集聚，实现快速健康可持续发展。

本人一直认为企业是价值创造的主体，赚钱是硬道理，但“君子爱财，取之有道”。所谓五大价值统一（顾客价值+股东价值+员工价值+社会价值+合作伙伴价值），从最本质意义上讲，就是价值创造的多赢游戏，财富就是赢家们应该分享的果实。

为“中国制造”正名

《中国经营报》：企业的根本竞争力体现为学习力和执行力。业界认为如今贝因美在迈向学习型组织、打造知识文化型企业方面可谓是一个成功的案例。你怎么理解靠学习力提升核心竞争力？在营销实战中，你怎样发挥团队的执行力？

谢宏：从个人的角度来理解，学习力就是个人生存发展的核心竞争力；从组织的角度来说，人才是第一竞争力，学习创新力是一个企业的可持续竞争力。所以说学习力是决定一个企业在激烈的同质化竞争中能否制胜的关键因素。因此我们贝因美内部全面导入全员营销、全员客服、全员公关制度，以及学习型组织、CIS系统。我们更倡导“行动学习法”，只要你把每项工作都作为课题来研究，每件任务都当案例来做，你一定就大不相同。

在营销实战中，靠学习力来打造一支营销铁军是远远不够的，一个企业必须有切实可行的制度规则，才可能有真正的执行力。贝因美在发挥团队执行力方面，我们只制定一个目标策略方针，或者说是制定一个规则，在这个规则下让他们充分发挥自己的主观能动性、创造性。这个规则我们称为“8×8=64”的乘数效应，就是说不要求执行到位而达到100分，但至少要确保合格而达到60分以上，否则就要淘汰出局。也就是说，不求最优，只求次优。所以我们只要把握好这个原则，就既不会出轨，也不会框死。由此最大限度地发挥团队的执行力，并获得行之有效的成果。因为中国的市场比较复杂而瞬息万变，营销管理规则不能定得太死，否则就没有创造力了。对此我认为，营销管理的思维不能是白箱型的，应该是灰箱系统。

《中国经营报》：三鹿毒奶粉事件至今阴影未散，国人依然有严重的崇“洋”心理，已成为今年国产奶粉销售的最大障碍。更是所有“中国制造”所面临的共同的最大挑战。贝因美如何为“中国制造”正名而成为“中国创造”的灯塔?

谢宏: 我个人认为,目前贝因美所做的一切工作,已经为“中国制造”正名了,并且是名副其实的“中国创造”了。因为贝因美的品牌是我们原创的。1992年创业至今,我们一直走的是“三自”路线,从原创英文的BEINGMATE到贝因美都是自有品牌、自主经营、自主创新,这也是品牌价值属性的一部分。其次,我们一直坚持“商业不能伤害到专业,专业必须体现商业价值”的经营理念。17年来,贝因美的产品服务、管理都是我们自己脚踏实地按照国际标准、国际规范、国际惯例以及国际趋势结合中国实际做出来的。比如今天大家看到的贝因美爱+奶粉,在包装上标示着“100%进口原料、国际品质、中国配方”,真的是货真价实的国际品质和国际化的品牌形象。但我们在国内高端奶粉市场所遭遇的最大障碍仍然是国人的崇“洋”心理。因此我认为,为“民族产业”、“中国制造”正名要靠内资同行的共同努力、竞合发展。

《中国经营报》: 和贝因美同城的娃哈哈将在明年大举进入配方奶粉市场,还有三元、辉山乳业等,投资中国乳业的风潮再次掀起。面临强手如林的竞争格局,你如何看待目前中国奶粉市场的竞争态势?贝因美将如何应对?

谢宏: 我判断整个行业将进入强手洗牌阶段。2010年将是决定性的一年,内资与内资,外资与外资,内资与外资,竞争会相互胶着白热化。首先是核心竞争力大比拼,然后是综合竞争力的对抗,必定有人要倒下。

贝因美只有全力加大品牌投入,持续提升核心竞争力,同时苦练内功,加速打造综合竞争力迎接一切挑战!